GESUNDMACHER HAFER

GESUNDMACHER HAFER

Texte: Doris Fritzsche
Rezepte: Martina Kittler
Fotos: Katrin Winner
Illustrationen: Ela Strickert

HAFER – DAS SUPERFOOD

HAFER ZUM GENIESSEN

HAFER – DAS SUPERFOOD

Das Powergetreide ist vielseitig einsetzbar und besticht durch seinen Reichtum an gesundheitsfördernden Nährstoffen. Sein hoher Gehalt an Ballaststoffen – besonders an Beta-Glucan – sowie die sekundären Pflanzenstoffe sind für seine positiven Effekte auf den Stoffwechsel verantwortlich. Seien Sie neugierig, welches Potenzial Hafer im Hinblick auf Ihre Gesundheit entfalten kann!

VOM UNKRAUT ZUR FELDFRUCHT

Die Haferpflanze ist weit mehr als ein Lieferant für Frühstückszerealien. Das Powergetreide wird von der Landwirtschaft wegen seiner Robustheit und von der Genussküche wegen seines feinen Geschmacks sowie seiner heilenden Effekte geschätzt!

In Deutschland liegen die Hauptanbaugebiete für Hafer im Alpenvorland und den Mittelgebirgen sowie in den Küstenregionen. Die Wildform des Hafers kam vermutlich bei der Einfuhr anderer Getreidesorten als beigemischte Unkrautpflanze nach Europa. Die aus Asien stammende Haferpflanze wurde nachweislich schon vor 3 000 Jahren im mittel- und osteuropäischen Raum angebaut. Das robuste Getreide gedeiht gut in gemäßigtem, feuchtem Klima und ist wenig anspruchsvoll, was die Bodenqualität angeht. So startete etwa 1 000 Jahre v. Chr. mit einer Klimaveränderung die Entwicklung des Hafers zur Kulturpflanze (Avena sativa).

ROBUSTE FELDFRUCHT

Hafer ist in vielerlei Hinsicht besonders – sowohl in Anbetracht seiner Inhaltsstoffe mit Gesundheitseffekt wie auch in seinem Erscheinungsbild. Hafer bildet keine Ähren, sondern Rispen – so lässt er sich durch sein Äußeres im Biologieunterricht wie auf dem Feld leicht von Gerste, Roggen und den Weizensorten unterscheiden. In der ökologischen Landwirtschaft wird Hafer aufgrund seiner natürlichen Resistenz gegenüber Pilzerkrankungen wie Halmbruch und Schwarzbeinigkeit überaus geschätzt. So kann er innerhalb der Fruchtfolge der Ausbreitung dieser Erreger Einhalt gebieten.

TRENDGETREIDE UND GESUNDHEITSFÖRDERER

Hafer ist inzwischen wieder ganz groß in Mode. Nach heutigem Kenntnisstand um das gesundheitsfördernde Potenzial des

ARZNEIPFLANZE DES JAHRES
2017 wählte der Studienkreis »Entwicklungsgeschichte der Arzneipflanzenkunde« an der Universität Würzburg den Saathafer zur Arzneipflanze des Jahres. Der Studienkreis begründete seine Wahl mit der gleich dreifachen Einsatzmöglichkeit der Haferpflanze: Das Haferkorn wirkt aufgrund seines hohen Gehalts an Beta-Glucanen mit den positiven Effekten auf Cholesterin und Blutzucker präventiv gegen Arteriosklerose. Darüber hinaus hat Hafer positive Effekte auf den Magen-Darm-Trakt. Obendrein kann das Haferkraut bei Hauterkrankungen erfolgreich eingesetzt werden.

Hafers ist diese Entwicklung aus ernährungstherapeutischer wie medizinischer Sicht sehr zu begrüßen. Hafer senkt nachweislich den Cholesterinspiegel und Blutzucker, hilft beim Abnehmen, hat einen günstigen Einfluss auf die Zusammensetzung der Darmmikrobiota und verbessert nicht zuletzt die Leistungsfähigkeit beim Sport. Die Aufforderung zum regelmäßigen Hafergenuss kann demnach gar nicht deutlich genug sein. Also »nix wie ran an den Hafer!« – solange es sich dabei um Haferprodukte ohne Zuckerzusatz handelt, können Sie wirklich nichts falsch machen.

COMEBACK EINES KLASSIKERS

Hafer hatte in Form von Hafergrütze lange Zeit eine Vormachtstellung als wichtiges tägliches Grundnahrungsmittel. Zum Verhängnis wurden dem Hafer dann aber seine ungünstigen Backeigenschaften: Er weist nur einen geringen Glutengehalt (Klebereiweiß) auf. Durch die fallenden Preise für Weizen und Roggen wurde der Haferbrei mehr und mehr durch Brote als Grundnahrungsmittel verdrängt. Der Siegeszug der einfach anzubauenden Kartoffel trug zusätzlich dazu bei, dass der Hafer an Bedeutung verlor. Bedauerlicherweise entsprach schließlich Haferbrei in unserem Sprachraum für lange Zeit nicht mehr dem Zeitgeschmack und führte nur noch ein Schattendasein als Ausgangssubstanz für Babybrei, Haferschleim nach Operationen oder als Hilfsmittel bei Bauchweh. Lediglich im englischsprachigen Raum konnte sich Hafer als Porridge dauerhaft etablieren. Glücklicherweise erlebt Hafer heute bei uns eine wahre Renaissance, ist beliebt und berechtigterweise zum aktuellen Trendgetreide emporgestiegen. Die große Nachfrage spiegelt sich im Angebot verschiedenster Haferprodukte im Lebensmittelhandel wider: Haferflocken, Haferkörner, Hafermehl und Haferkleie sind nur einige davon!

ALLES AUS HAFER – PRODUKTE UND IHRE VERWENDUNG

Die besondere Wuchsform von Hafer macht eine spezielle Verarbeitung der Körner erforderlich. Die verschiedenen Zwischenstufen lassen sich auf vielfältige Weise, jedoch immer zu unserem gesundheitlichen Vorteil in der Küche nutzen.

Hafer zählt wie unsere heimischen Brotgetreide zur Familie der Süßgräser. Von Roggen, Weizen, Dinkel und den sonstigen Weizensorten unterscheidet er sich jedoch dadurch, dass seine Körner nicht in Ähren sitzen, sondern in Rispen (s. Foto). Die Einzelkörner sind von Hüllspelzen umgeben, die fest mit den Körnern verbunden und nur mithilfe spezieller Schälverfahren abzutrennen sind. Eine Ausnahme ist der Nackthafer (Avena nuda). Bei dieser Züchtung sitzen die dünnen Hüllspelzen den einzelnen Körnern nur locker auf und können daher allein durch das Dreschen entfernt werden.

HAFERKORN

Entspelzte Haferkörner und Haferprodukte sind bestens geeignet für süße wie herzhafte Gerichte. Die ganzen Körner werden in vielen Reformhäusern, Bio-Märkten und Bio-Abteilungen gut sortierter Supermärkte angeboten. Aus den Körnern lassen sich Gerichte wie Frischkornbrei, Hafer-Risotto, diverse Beilagen oder Puffer zubereiten.

HAFERKLEIE, HAFERKLEIEFLOCKEN

Haferkleie besteht zum überwiegenden Teil aus den Randschichten des Haferkorns sowie dem Haferkeim. Der Gehalt an Beta-Glucanen ist bei Haferkleie und -flocken höher als in anderen Haferprodukten.

HAFERGRÜTZE

Unter Hafergrütze versteht man die grob gebrochenen oder geschnittenen, entspelzten Haferkörner. Ganz klassisch wird Hafergrütze zum Binden von Grünkohlgerichten und in Grützwürsten verwendet. Aus Hafergrütze lassen sich aber auch süße Morgenbreie, Aufläufe oder herzhafte Beilagen als Alternative zu Reis, Suppen- und Eintopf-Einlagen zaubern.

STEEL-CUT-OATS ODER IRISH OATS

Bei dieser besonderen Art der Verarbeitung handelt es sich um entspelzte Haferkerne, die mit einer Stahlklinge (steel) gespalten (cut) werden. Ihre spezielle Form ähnelt Reiskörnern. Steel-cut-Oats werden vor allem in Nordirland, auf der Isle of Wight, in Schottland und in den USA für Porridges verwendet. Mittlerweile sind sie auch in Deutschland erhältlich, und das sogar in glutenfreier Variante. Porridge aus Steel-cut-Oats muss länger gekocht werden und überzeugt durch einen besonderen Biss.

HAFERFLOCKEN

Für die Erzeugung von **Großblatt-** oder sogenannten **kernigen Haferflocken** werden ganze Haferkörner verwendet und mit einer Flockierwalze zu Flocken ausgewalzt.

Hafergrütze ist Ausgangsprodukt für die Herstellung von **Kleinblatt-** oder **zarten Haferflocken** (auch blütenzarte Haferflocken genannt). Die zarten Haferflocken ähneln den schottischen Rolled Oats (synonym als Pinhead Oats bezeichnet). Großblatt- und Kleinblatt-Haferflocken sind eine großartige Basis für Frühstücksklassiker wie Müslis, Porridges und Overnight-Oats sowie für Backwaren, zum Beispiel Crumbles und Haferbrote. Zudem eignen sich Haferflocken bestens für Gerichte wie herzhafte Porridges, Bratlinge und Aufläufe. Für die Produktion **löslicher Haferflocken** wird Vollkorn-Hafermehl in einem speziellen Verfahren zu schmelzenden Flocken ausgewalzt. Diese Flocken lösen sich in Flüssigkeiten auf und sind dadurch sowohl für die Ernährung von Kleinkindern wie auch für das Abbinden von Suppen, Saucen und Dips geeignet. Zudem können die löslichen Flocken zur Zubereitung von Frühstücksdrinks, Shakes und Desserts genutzt werden.

PORRIDGE – CHECKEN SIE DIE ZUTATENLISTE!

Per Definition ist Porridge oder auch Oatmeal ein zähflüssiger, warmer, meist zum Frühstück gegessener Brei aus Hafer. Zugegeben: Porridge klingt wesentlich spannender als Haferflockenbrei.
In Schottland verwendet man zum Anrühren traditionell einen hölzernen »Spurtle« (Spachtel), durch den das Porridge besonders cremig wird, weil wenig Brei anhaftet. Wer (noch) keinen Spurtle besitzt, kann alternativ den Stil eines hölzernen Kochlöffels zum Umrühren benutzen.
Mittlerweile sind die Regale der Lebensmittelgeschäfte aber auch voll von »Fertig-Porridges« bis hin zu ultrahocherhitztem »Porridge to go«. In jedem Fall lohnt sich jedoch vor der Kaufentscheidung der kritische Blick auf die Zutatenliste:

- Besteht die Mischung wirklich größtenteils aus Hafer oder sind auch andere Getreideflocken enthalten? Für die gewünschten Gesundheitseffekte braucht es eine ausreichende Menge an Getreide-Beta-Glucanen, die andere Getreidesorten (außer Gerste) bei Weitem nicht enthalten.
- Enthält die Mischung Zucker, Honig oder viele Trockenfrüchte? Das schränkt den gesundheitlichen Nutzen ebenfalls ein.
- Ist der Preis gerechtfertigt? Oder kaufe ich nur Haferflocken mit ein paar Trockenfrüchten unter klangvollem Namen? Bei vielen Mischungen ist es deutlich günstiger, sich die Zutaten einzeln zu besorgen und selbst zu mischen.

HAFER – AUCH BEI ZÖLIAKIE?

Nur von der Deutschen Zöliakiegesellschaft e. V. (DZG) lizensierter oder als glutenfrei ausgelobter Hafer und daraus hergestellte Produkte dürfen in die Ernährung von Zöliakiepatienten mit einbezogen werden. Anders als bei üblichem Hafer wird glutenfrei produzierter Hafer streng kontrolliert sortenrein angebaut und verarbeitet. So lässt sich die Verunreinigung mit glutenhaltigen Getreidesorten auf ein Mindestmaß reduzieren. Der in dieser Weise produzierte Hafer ebenso wie die daraus hergestellten Produkte garantieren den gesetzlichen Grenzwert von maximal 20 mg Gluten je Kilogramm (‹ 20 ppm = 20 parts per million) für glutenfreie Produkte. Damit dürfen sie die Aufschrift »glutenfrei« sowie das Siegel mit der durchgestrichenen Ähre der DZG tragen. Die Einhaltung des vorgeschriebenen Höchstwertes von unter 20 ppm Gluten (Verordnung EG Nr. 41/2009) wird durch Laboranalysen sämtlicher Chargen geprüft.

IST HAFER GLUTENFREI?

Alle Getreide haben ein artspezifisches Gluten. Das Polypeptid ist auch unter der Bezeichnung Klebereiweiß bekannt und verantwortlich für die Backeigenschaften der einzelnen Getreidesorten.

Gluten besteht überwiegend aus Prolaminen und Glutelinen. Für Menschen, die von der Autoimmunerkrankung Zöliakie betroffen sind, sind Prolamine mit Ausnahme der von Hirse (Kafirin), Mais (Zein) und Reis (Oryzin) toxisch. Diese führen immunvermittelt zu einer chronischen Entzündung der Dünndarmschleimhaut mit Rückbildung der Dünndarmzotten. Die Folge ist eine Reduzierung der Resorptionsfläche mit dementsprechend eingeschränkter Nährstoffaufnahme. Unbehandelt droht Nährstoffmangel mit weitreichenden Komplikationen für die körperliche und geistige Gesundheit. Der Mangel betrifft häufig die fettlöslichen Vitamine A und D, die B-Vitamine Folsäure (Vitamin B_9), Pyridoxin (Vitamin B_6) und Cobalamin (Vitamin B_{12}) sowie die Mineralstoffe Eisen, Zink und Kalzium.

Hafer enthält von Natur aus nur wenig Prolamin (Avenin), das zudem verträglicher ist als die Prolamine von Gerste (Hordein), Roggen (Secalin) und Weizen (Gliadin) oder der Getreidesorten, die mit dem Weizen botanisch verwandt sind (Dinkel, Grünkern, Einkorn, Emmer, Kamut). Dennoch ist handelsüblicher Hafer keinesfalls glutenfrei, also ungeeignet für die Ernährung von Zöliakiepatienten. Verantwortlich ist die übliche Vermischung von Getreiden bereits auf dem Feld sowie nachfolgend bei Ernte, Lagerung, Transport und Weiterverarbeitung.

HAFER – DIE TOP-NÄHRSTOFFQUELLE

Fällt die Wahl auf Hafer oder Haferprodukte, ist die Entscheidung automatisch für ein Vollkornprodukt getroffen. Damit kommt neben reichlich Ballaststoffen noch ein schönes Plus an Nährstoffen hinzu.

Hafer und Haferprodukte sind beste Lieferanten von Proteinen, hochwertigen Fetten, komplexen Kohlenhydraten, unverdaulichen Ballaststoffen (vor allem von dem löslichen Ballaststoff Beta-Glucan), Mikronährstoffen und sekundären Pflanzenstoffen. Verglichen mit den anderen Kulturgetreidesorten liegt Hafer zwar nicht bei jedem Nährstoff auf Platz 1, die besondere Kombination der Nährstoffe ist jedoch ungeschlagen.

PROTEINQUELLE

Haferkörner enthalten 11 g Proteine je 100 g. Damit entfallen 12 Prozent der Gesamtenergiemenge auf die Proteine. Proteine sind unentbehrliche Bausteine sämtlicher lebender Organismen. Unserem Körper dienen Proteine mit 4 kcal pro 1 g zur Energiegewinnung, zudem als Bausteine von Zellen und Geweben (Muskulatur inklusive Herzmuskel, Blutzellen und Organe). Sie werden zur Bildung von Antikörpern für die Infektabwehr benötigt und damit für ein intaktes Immunsystem. Proteine fungieren als Transporter für Nährstoffe und sind beteiligt am Aufbau von Gerinnungsfaktoren und Enzymsystemen sowie an der Produktion einer Vielzahl von Peptidhormonen. Zu Letzteren zählen das Insulin aus der Bauchspeicheldrüse oder das Parathormon aus den Nebenschilddrüsen.
Sämtliche Proteine sind aus 21 Bausteinen, den Aminosäuren, aufgebaut. Neun dieser Aminosäuren sind für den menschlichen Organismus essenziell (unentbehrlich), da sie in unserem Stoffwechsel nicht aufgebaut werden können. Wir benötigen daher die Nahrungsproteine als Baustofflieferanten für die Bildung körpereigener Proteinstrukturen. Dabei ist es empfehlenswert, je zur Hälfte pflanzliche und tierische Proteinquellen zu nutzen. Hafer ist eine sehr gute Quelle pflanzlicher Proteine, zumal das Haferprotein zu nahezu 50 Prozent aus essenziellen Aminosäuren besteht.

GUTE FETTE

Im Gegensatz zu den übrigen Kulturgetreiden liegt der Fettgehalt mit etwas mehr als 7 g je 100 g vergleichsweise hoch. Zur Info: Dinkel, Roggen und Weizen haben weniger als 2 g Fett je 100 g.

Fette sind die besten Energieträger. Sie liefern dem Körper 9 kcal pro 1 g. Haferfett trumpft zudem mit 2,5 g einfach ungesättigten Fettsäuren (EUFS) und fast 3 g mehrfach ungesättigten Fettsäuren (MUFS) auf.
Mit den essenziellen MUFS werden dem Organismus unverzichtbare Baumaterialien für die Zellmembranen zur Verfügung gestellt. Gemeinsam mit den EUFS haben MUFS eine positive Wirkung auf den Cholesterinspiegel im Blut und wirken somit Herz-Kreislauf-Erkrankungen entgegen. Daher kann die Wirkung guter, das heißt gesundheitsfördernder Fette aus Ölen, Nüssen und Samen durch den regelmäßigen Konsum von Hafer unterstützt werden.

KOMPLEXE SLOW CARBS UND UNVERDAULICHE KOHLENHYDRATE

Im Vergleich zu den anderen Getreidesorten hat Hafer mit rund 56 g je 100 g den mengenmäßig niedrigsten Gehalt an Kohlenhydraten. Von der Gesamtmenge an Kohlenhydraten entfallen 54 g auf den Vielfachzucker Stärke und nur 2 g auf verschiedene, von Natur aus im Hafer vorkommende Einfachzucker. Ganz anders als bei den übrigen Getreidesorten handelt es sich bei Haferkörnern und den Erzeugnissen daraus immer um Vollkornprodukte. Das hat den Vorteil, dass mit jeder Hafermahlzeit die verwertbaren Kohlenhydrate gemeinsam mit reichlich Ballaststoffen aufgenommen werden.

WICHTIGE NÄHRSTOFFE UNSERER KULTURGETREIDE IM VERGLEICH

GETREIDE (100 G VERZEHRBARER ANTEIL)	DINKEL	GERSTE
Energie (kcal)	348	338
Makronährstoffe		
Proteine (g)	17	11,2
Fette (g)	1,7	2,1
Gesättigte Fettsäuren (g)	0,2	0,4
Einfach ungesättigte Fettsäuren (g)	0,2	0,2
Mehrfach ungesättigte Fettsäuren (g)	0,8	1,0
Kohlenhydrate (g)	60,3	63,3
Ballaststoffe (g)	10	8,7
Beta-Glucan (g)	keine Daten	4,2
Vitamine		
Vitamin B1 (mg)	0,3	0,43
Vitamin B2 (mg)	0,16	0,18
Niacin (mg)	6,59	4,8
Vitamin B6 (mg)	0,3	0,56
Biotin (µg)	6	10
Folsäure (µg)	50	65
Mineralstoffe		
Kalzium (mg)	25	38
Magnesium (mg)	136	114
Eisen (mg)	4,4	2,8
Zink (mg)	3,65	2,3
Kupfer (mg)	0,4	0,43
Mangan (mg)	4,41	1,44

* Laut Analyse von Kölln enthält glutenfreier Hafer 3,4 g Beta-Glucan

HAFER	HIRSE	NATURREIS	ROGGEN	WEIZEN
351	364	356	326	330
10,7	10,6	7,8	9,5	11,4
7,1	3,9	2,2	1,7	1,8
1,4	0,9	0,6	0,3	0,3
2,5	0,8	0,6	0,4	0,2
2,8	1,7	0,8	0,7	0,8
55,7	68,8	74,1	60,7	59,6
9,7	3,9	2,2	13,4	13,3
4*	keine Daten	keine Daten	2	0,7
0,67	0,43	0,41	0,37	0,46
0,17	0,11	0,09	0,17	0,09
2,37	1,8	5,2	1,81	5,1
0,96	0,52	0,28	0,23	0,27
13	6	12	5	6
33	20	22	143	87
80	10	16	37	33
129	123	110	91	97
5,8	6,9	3,2	2,8	3,2
3,2	2,87	2	2,76	2,56
0,41	0,61	0,3	0,39	0,37
3	1,11	2,14	2,85	3,1

Der Anteil unverdaulicher Ballaststoffe liegt bei 10 Prozent. Die Hälfte davon sind in Wasser lösliche Ballaststoffe mit einem hohen Gehalt an Getreide-Beta-Glucanen, welche besonders günstige Effekte auf den Stoffwechsel haben. Wegen der bedeutenden stoffwechselgesunden Wirkungen der Beta-Glucane ist diesen ein eigenes Kapitel gewidmet (s. S. 24 ff).

Die Blutzuckerwirkung von Hafer – angegeben als glykämischer Index (GLYX) – liegt mit 55 im mittleren Bereich. GLYX ist ein Maß für den Blutzuckeranstieg einer Test-Kohlenhydratquelle mit einem Anteil von 50 g Kohlenhydraten im Vergleich zum Blutzuckeranstieg nach der Aufnahme von 50 g Glukose (Traubenzucker) als Referenzsubstanz, die den Wert 100 erhält.

Ein hoher GLYX bewirkt steile Blutzuckeranstiege und fordert demzufolge reichlich Insulin aus der Bauchspeicheldrüse. Da Insulin nicht nur den Blutzucker senkt, sondern auch die Fettverbrennung hemmt, zieht ein hoher GLYX immer auch eine Belastung des gesamten Stoffwechsels nach sich. Umgekehrt ist bei niedrigem und mittlerem GLYX nur mit einer mäßigen Steigerung des Blutzuckers und in der Folge mit einer moderaten Insulinantwort zu rechnen. Ein gebremster Blutzuckeranstieg geht daher mit einer Entlastung von Leber und Fettstoffwechsel einher.

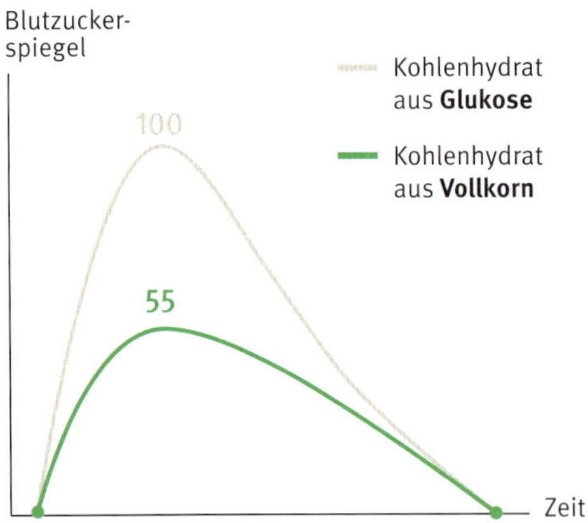

REICHLICH ESSENZIELLE MIKRONÄHRSTOFFE

Bei den essenziellen Mikronährstoffen punktet Hafer beim fettlöslichen Vitamin K, den wasserlöslichen Vitaminen B_1, B_6 und Biotin sowie bei den Mineralstoffen Magnesium, Eisen, Zink, Kupfer und Mangan.

Blutgerinnung und gesunde Knochen

Vitamin K (Phyllochinon) ist unentbehrlich für die Synthese von Blutgerinnungsfaktoren. Zudem ist Vitamin K an der Regulation des Knochenaufbaus beteiligt. Zusammen mit Vitamin D und Kalzium verbessert Vitamin K die Knochengesundheit und verringert das Risiko für Knochenbrüche – besonders bei Frauen in der Menopause mit Anfälligkeit für Osteoporose.

Zur Bedarfsdeckung: täglich 60 µg (ab dem 50. Lebensjahr 65 µg) und 70 µg für männliche Erwachsen (ab dem 50. Lebensjahr 80 µg). Eine 50-g-Portion Hafer erreicht mit 25 µg Vitamin K mehr als 30 Prozent der Vitamin-K-Referenzwerte.

RICHTIG GESUND IMMER IM VERBUND

Die komplexen Leistungen unseres Körpers wie Wachstum, Zellerneuerung, Infektabwehr und Aufrechterhaltung der zahlreichen Stoffwechselprozesse erfordern die Zufuhr unterschiedlicher Nährstoffe. Unsere Nahrungsmittel enthalten grundsätzlich sämtliche Stoffe, die wir brauchen. Das sind energieliefernde Makronährstoffe (dazu zählen Proteine, Fette und Kohlenhydrate), unentbehrliche Mikronährstoffe (wie die große Gruppe der Vitamine und Mineralstoffe) und funktionsfördernde Nährstoffe (Ballaststoffe, sekundäre Pflanzenstoffe). Es existiert jedoch kein einziges Lebensmittel, das in der Lage wäre, die erforderliche Vielfalt an Nährstoffen in der richtigen Quantität zu liefern. Für eine optimale Zufuhr aller benötigten Nährstoffe braucht es vielmehr ein Ernährungsmuster mit ausgewogener Lebensmittelauswahl.

Energie und Nervenkostüm

Vitamin B_1 (Thiamin) brauchen wir als Co-Faktor von Enzymen, die die Verstoffwechselung der verdaulichen Kohlenhydrate und Aminosäuren bewerkstelligen. Zudem ist Thiamin in unserem Nervensystem an der Reizweiterleitung beteiligt. Ausreichende Zufuhr von Vitamin B1 fördert Konzentration und Gedächtnis, ein gutes Allgemeinbefinden und die körperliche Verfassung.
Zur Bedarfsdeckung: täglich 1 mg für weibliche Erwachsene und 1,2 mg für männliche Erwachsene. Eine 50-g-Portion Hafer deckt mit 335 µg Vitamin B_1 mehr als 30 Prozent der Tagesempfehlung.

Stoffwechsel, Homocystein-Regulation

Vitamin B_6 (Pyridoxin) ist für viele Stoffwechselreaktionen des Organismus erforderlich – so für den Stoffwechsel der Aminosäuren, die Bildung von Hämoglobin (roter Blutfarbstoff) und Neurotransmittern sowie für die Regulation von Hormonhaushalt und Immunsystem. Gemeinsam mit der Folsäure und Vitamin B_{12} reguliert Vitamin B_6 den Stoffwechsel von Homocystein und trägt so zu einer Entlastung des Herz-Kreislauf-Systems bei, denn Homocysteinwerte über 10 µmol/l erhöhen das Risiko für kardiovaskuläre Erkrankungen.
Zur Bedarfsdeckung: täglich 1,4 mg für weibliche Erwachsene und 1,6 mg für männliche Erwachsene. Eine 50-g-Portion Hafer deckt mit 480 µg Vitamin B_6 mehr als 30 Prozent der Tagesempfehlung.

Zellteilung

Niacin ist unentbehrlich für die Zellteilung und Signalweiterleitung. Als Co-Faktor von Enzymen ist es am Energiestoffwechsel und

am Stoffwechsel von Kohlenhydraten, Aminosäuren und Fettsäuren beteiligt. Zudem sind Immunantwort und eventuell Insulinausschüttung durch Niacin beeinflusst.
Zur Bedarfsdeckung: für weibliche Erwachsene täglich 11 mg, für männliche Erwachsene 15 mg. Eine 50-g-Portion Hafer deckt mit 2,75 mg Niacin bereits 18 bis 25 Prozent der Tagesempfehlung.

Stoffwechsel und Reparatur

Biotin wird als Co-Faktor im Stoffwechsel der energieliefernden Nährstoffe Proteine, Fette und Kohlenhydrate benötigt und ist damit wichtig für Zellwachstum, gesunde Haut und Schleimhäute, intakte Blutzellen und Nervenzellen. Zudem spielt Biotin eine essenzielle Rolle bei der Regulation der Genexpression, Zellproliferation, der Reparatur von Schäden an der Erbsubstanz und der Stabilität der Chromatinstruktur.
Zur Bedarfsdeckung: täglich 40 µg mg für weibliche und männliche Erwachsene. Mit einer 50-g-Portion Hafer werden bei 6,5 µg Biotin mehr als 15 Prozent des Schätzwertes für Biotin erreicht.

Enzyme, Reizübertragung, Herzrhythmus und mehr

Magnesium ist als Co-Faktor Bestandteil von über 600 Enzymen. Es ist unverzichtbar für den Abbau von Glukose, den Zitronensäurezyklus, den Fettstoffwechsel, die Bildung der Nukleinsäuren und Aktivierung der Aminosäuren. Magnesium stabilisiert die Erbsubstanz und biologische Membranen, reguliert Reizübertragung, Muskelkontraktion, Herzrhythmus, Gefäßtonus, Blutdruck, Knochenumsatz und Knochengesundheit.
Zur Bedarfsdeckung: täglich 300 mg für weibliche Erwachsene und 350 mg für männliche Erwachsene. Eine 50-g-Portion Hafer mit 64,5 mg Magnesium erreicht 20 Prozent des Referenzwertes.

Sauerstofftransport und Leistungsfähigkeit

Eisen ist als Zentralatom des roten Blutfarbstoffs Hämoglobin und des Muskelfarbstoffs Myoglobin unentbehrlich für den Sauerstofftransport im Körper. Als Co-Faktor verschiedener Enzyme ist Eisen an einer Vielzahl von Stoffwechselprozessen beteiligt und wird für die zelluläre Energieversorgung, die Synthese der Erbsubstanz und die Infektabwehr benötigt. Der Eisenbedarf liegt bei etwa 1 mg pro Tag. Es können jedoch nur etwa 10 bis 15 Prozent des Nahrungseisens absorbiert werden.
Zur Bedarfsdeckung: täglich 15 mg für weibliche Erwachsene vor der Menopause und 10 mg für menopausale Frauen sowie männliche Erwachsene. Durch eine 50-g-Portion Hafer mit 2,9 mg Eisen erreichen Frauen vor der Menopause fast 20 Prozent und menopausale Frauen sowie Männer fast 30 Prozent des Referenzwertes.

Enzyme und Eisenstoffwechsel

Kupfer ist Baustein von Metalloenzymen, die zum antioxidativen System gehören. Als Bestandteil des Transportproteins

Coeruloplasmin katalysiert Kupfer die Oxidation von zweiwertigem zu verwertbarem dreiwertigem Eisen und ist damit unentbehrlicher Co-Faktor im Eisenstoffwechsel. **Zur Bedarfsdeckung:** täglich 1 000 bis 1 500 µg mg für weibliche und männliche Erwachsene. Eine 50-g-Portion Hafer erreicht mit 205 µg Kupfer rund 14 bis 20 Prozent des Schätzwertes.

Enzyme, Knochen und Knorpel

Mangan ist Baustein von Metalloenzymen und somit unter anderem an der Glukoseneubildung sowie am Stoffwechsel der Aminosäure Glutamin und am Harnstoffzklus (Abbau stickstoffhaltiger Abbauprodukte zu unschädlichem Harnstoff) beteiligt. Als Komponente des Metalloenzyms Superoxiddismutase schützt Mangan die Zellen vor reaktiven Sauerstoffverbindungen und somit vor oxidativem Stress. Zusätzlich wird Mangan für den Aufbau von Bindegewebe, Knorpeln und Knochen benötigt.
Zur Bedarfsdeckung: täglich 2 bis 5 mg für weibliche und männliche Erwachsene. Eine 50-g-Portion Hafer mit 1,5 mg Mangan deckt 30 bis 75 Prozent des Schätzwertes sicher ab.

Enzyme, Wundheilung, Immunsystem und Insulinspeicherung

Zink ist als Bestandteil von Metalloenzymen an einer Vielzahl von Stoffwechselreaktionen des Protein-, Kohlenhydrat- und Fettstoffwechsels beteiligt. So ist das Spurenelement von Bedeutung für Zellwachstum, Wundheilung, Immunsystem, Fortpflanzung und Insulinspeicherung. Die Referenzwerte für die Zinkzufuhr Erwachsener sind abhängig von der Phytataufnahme (s. Info rechts). Bei hoher Phytatzufuhr kann die Zinkaufnahme um bis zu 45 Prozent verringert sein.
Zur Bedarfsdeckung: bei niedriger, mittlerer oder hoher Phytatzufuhr täglich 7 mg, 8 mg oder 10 mg für weibliche Erwachsene und 11 mg, 14 mg oder 16 mg Zink für männliche Erwachsene. Eine 50-g-Portion Hafer deckt 23, 20 oder 16 Prozent der Zink-Referenzwerte für Frauen sowie 15, 11 oder 10 Prozent der Referenzwerte für Männer.

Bioaktive Substanzen

Zu den bioaktiven Substanzen zählen zusätzlich zu den Ballaststoffen (s. Beta-Glucan, S. 24 ff) auch die **sekundären Pflanzenstoffe**. Letztere gehören nicht zu den unentbehrlichen Nährstoffen, zeichnen sich jedoch durch eine Vielzahl positiver Stoffwechseleffekte aus. Den Pflanzen selbst dienen sie als Abwehrstoffe und

PHYTAT – HEMMSCHUH DER ZINKAUFNAHME IM DARM

Unsere Ernährungsgewohnheiten beeinflussen die Verfügbarkeit von Zink. Wer viel Vollkornprodukte und Hülsenfrüchte genießt, hat auch mehr von der bioaktiven Substanz Phytat im Essen. Im Magen-Darm-Trakt bildet Phytat Komplexe mit Zink und reduziert so dessen Bioverfügbarkeit. Abhängig von der Lebensmittelauswahl hat die DGE daher differenzierte Zufuhrempfehlungen für Erwachsene formuliert. Zusätzliches Zink als Nahrungsergänzungsmittel ist dennoch nicht zwingend erforderlich.

- Wer ballaststoffarm isst oder essen muss, hat auch wenig Phytat im Essen und braucht am wenigsten Zink.
- Wer sich vollwertig ernährt, überwiegend Vollkornprodukte isst und als Proteinquellen sowohl Hülsenfrüchte und Milchprodukte wie auch Fisch und/oder Fleisch wählt, braucht mehr Zink. Der Mehrbedarf ist bei flexitarischer Auswahl kein Problem.
- Wer Vollkornprodukte isst und als Proteinquellen überwiegend oder vollständig Hülsenfrüchte wählt, hat die höchste Phytatzufuhr und damit auch den höchsten Mehrbedarf an Zink. Da parallel die tierischen Lebensmittel als Zinkquellen fehlen, ist es ratsam, den Phytatgehalt der Kost durch Verarbeitungsmethoden wie Quellen oder Keimen lassen, Fermentieren und Brotbacken mit Sauerteig zu reduzieren. Zusätzliche Zinkzufuhr über Supplemente ist nur bei festgestelltem Mangel nötig.

Wachstumsregulatoren. Die Deutsche Gesellschaft für Ernährung e. V. (DGE) empfiehlt für eine gute Versorgung neben einem reichlichen Verzehr von Gemüse, Obst, Hülsenfrüchten und Nüssen den Verzehr von Vollkornprodukten. Wichtige sekundäre Pflanzenstoffe des Hafers sind Phytate und Polyphenole. **Phytat** bindet Mineralstoffe im Magen-Darm-Trakt, wodurch ein Mehrbedarf entsteht. Im Fall der freien Eisen-Ionen ist die Bindung erwünscht, da so die Bildung zellschädigender freier Radikale gehemmt wird. Zudem verzögern Phytate den Stärkeabbau im Dünndarm und unterstützen so den blutzuckerregulatorischen Effekt der Ballaststoffe. Durch Maßnahmen wie Einweichen, Keimen oder eine mehrstufige Sauerteigführung wird der enzymatische Abbau von Phytaten gefördert, sodass die Mineralien uneingeschränkt aus dem Darm aufgenommen werden können.

Des Weiteren kommen im Hafer die zur Gruppe der **Polyphenole** zählenden Avenanthramide vor. Es wurden antientzündliche, antiatherogene (gegen die Entstehung einer Atherosklerose gerichtete), wachstumshemmende und gefäßerweiternde Effekte von Avenanthramiden beobachtet.

BETA-GLUCANE – DIE BINDUNGS-KOMBINATION MACHT DIE WIRKUNG

Beta-Glucane sind für den Menschen unverdauliche Kohlenhydrate mit besonders gesundheitsfördernden Effekten auf unseren Stoffwechsel.

Gemeinsam mit in Wasser unlöslichen Ballaststoffen wie Zellulose und Lignin sowie anderen wasserlöslichen Ballaststoffen wie Inulin und Pektin sind Beta-Glucane Bestandteile pflanzlicher Zellwände. Bei Beta-Glucanen handelt es sich um lösliche Polymere (Mehrfachzucker) aus Glukose-Einheiten. Diese sind so verknüpft, dass sie im Dünndarm nicht aufgespalten werden können, weil uns die dazu erforderlichen Enzymsysteme fehlen. Als bestes Bakterienfutter gelangen die Beta-Glucane daher in den Dickdarm. Dort werden sie gemeinsam mit den übrigen fermentierbaren Ballaststoffen verstoffwechselt und entfalten so ihre positiven Wirkungen (s. S. 38).

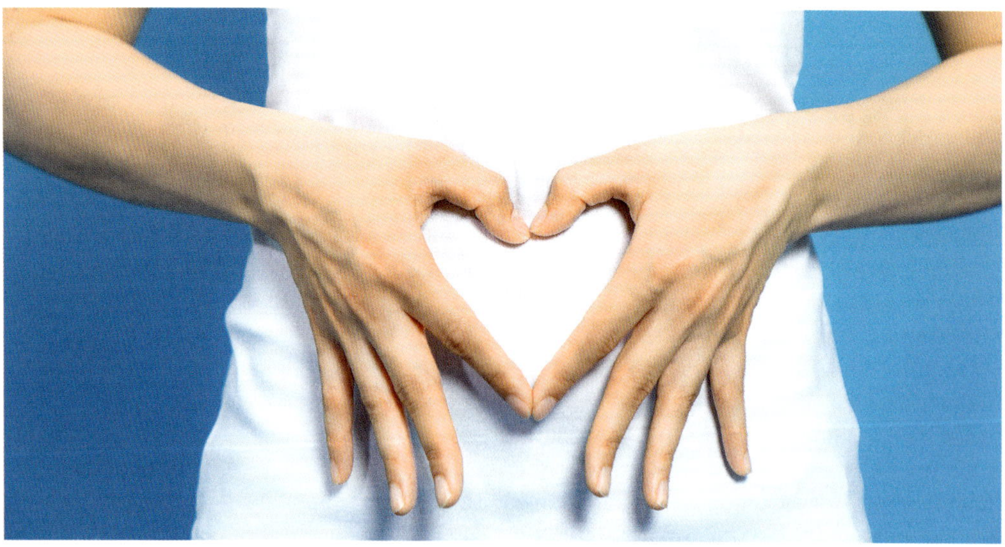

BETA GLUCANE – NICHT NUR IN GETREIDE!

Die Beta-Glucane von Hefen und Pilzen (besonders Shiitake) mit ihrer Kombination von Beta-1-3- und Beta-1-6-Verknüpfungen üben ebenfalls viele positive Effekte aus:

- Sie bewirken eine Initialzündung auf das Immunsystem, indem sie im Dünndarm Fresszellen (Makrophagen) aktivieren. In der Folge werden Immunzellen durch Botenstoffe angeregt, was das Immunsystem dazu befähigt, Krankheitserreger wie Bakterien und Viren schneller abzuwehren. Das Infektionsrisiko vermindert sich.
- Zusätzlich reduzieren sie oxidativen Stress und haben antikanzerogene Wirkung.

HILFREICHE BODYGUARDS

Getreide-Beta-Glucane haben eine ganz bestimmte chemische Bindungskombination (1-3 und 1-4), die für ihre speziellen Eigenschaften verantwortlich ist. Sie sind wasserlöslich, vollständig fermentierbar, haben eine enorme Quellfähigkeit und bewirken dadurch eine hohe Viskosität. Eine ausreichende tägliche Zufuhrmenge vorausgesetzt, können sie aufgrund dieser besonderen Eigenschaften eine Vielzahl positiver Effekte ausüben:

- **Im Magen:** Dadurch dass die Beta-Glucane in Anwesenheit von Wasser aufquellen, erhöht sich das Volumen der Mahlzeit, der Magen wird stärker gedehnt. Zugleich verlangsamt sich dadurch die Magenentleerung. Der Effekt: Wir sind schneller satt und die Sättigung hält überdies länger an. In der Folge lässt sich die Nahrungsaufnahme leichter regulieren.
- **Im Dünndarm:** Durch die verzögerte Magenentleerung gelangt die Nahrung weniger rasch in den Dünndarm, wo sie in die einzelnen, absorbierbaren Nährstoffe aufgespalten wird. Die langsamere Nährstoffaufnahme im Darm bewirkt gleich eine Kaskade von Positiveffekten. Der Blutzucker steigt nach der Mahlzeit weniger stark an, was wiederum eine geringere Insulinausschüttung zur Folge hat – zusätzliche Benefits sind positive Effekte auf Körpergewicht und Blutdruck. Zudem können Getreide-Beta-Glucane Gallensäuren binden, die dann mit dem Stuhl ausgeschieden werden. Als Folge müssen in der Leber neue Gallensäuren aus Cholesterin gebildet werden, wodurch der LDL-Cholesterinspiegel im Blut sinkt.
- **Im Dickdarm:** Die gut wasserlöslichen Getreide-Beta-Glucane zählen zu den fermentierbaren Ballaststoffen. Sie dienen im Dickdarm als bestes Bakterienfutter und werden durch die Mikrobiota zu verschiedenen kurzkettigen Fettsäuren abgebaut. Ganz besonders Butyrat, das Salz

der Buttersäure, ermöglicht eine schnelle Regeneration der Dickdarmschleimhaut, wirkt antioxidativ und beugt Dickdarmkrebs vor. Buttersäure wirkt zudem über den Hypothalamus appetitmindernd und trägt in dieser Weise zur Normalisierung des Körpergewichts bei. Nicht zuletzt entstehen bei der Fermentation von Beta-Glucanen durch die Bakterien im Dickdarm kurzkettige Fettsäuren. Dadurch sinkt der pH-Wert im Darm ab, was die Entwicklung erwünschter Bakterien fördert.

DIE MENGE MUSS PASSEN

Für diesen Ratgeber legen wir den Fokus auf die Wirkung der Getreide-Beta-Glucane. Mit ihrer Vielzahl positiver Wirkungen auf den menschlichen Stoffwechsel bieten sie in der Summe einen guten Schutz vor Herz-Kreislauf-Komplikationen.

GERSTE – EINE ALTERNATIVE ZU HAFER?

Getreide-Beta-Glucane stecken in gleicher Konzentration auch in Gerste. In Beta-Gerste, einer speziellen Züchtung, sind die Mengen sogar noch höher. Bei Beta-Gerste finden sich die Beta-Glucane zusätzlich im Mehlkörper. Testen Sie die Rezepte auch mal mit Gerste oder Gerstenflocken.

Insbesondere die Senkung des Blutzuckers und des LDL-Cholesterins sind zwei zentrale Stoffwechseleffekte der Getreide-Beta-Glucane. Anders als teilweise behauptet, reicht es jedoch bei Weitem nicht aus, hier und da mal ein paar Haferflocken über seine Speisen zu streuen. Damit Getreide-Beta-Glucane zum wirksamen Therapeutikum werden und messbare positive Effekte durch ihren Einsatz erreicht werden können, braucht es die regelmäßige Aufnahme einer ausreichenden Menge:

- **LDL-Cholesterin:** Mit der Tagesmenge von 3 g Beta-Glucan bei mindestens 1 g Beta-Glucan pro Mahlzeit lassen sich die LDL-Cholesterinwerte um ca. 10,44 mg/dl (0,27 mmol/L) senken.
- **Blutzuckerspiegel:** Ein deutlich verminderter Anstieg des Blutzuckers nach Aufnahme der Mahlzeit (postprandiale Senkung des Blutzuckers) ist bei 4 g Beta-Glucan je 30 g Kohlenhydrate feststellbar.

Erst die regelmäßige und auch ausreichende Aufnahme garantiert dabei den therapeutischen Effekt dieser sekundären Pflanzenstoffe. Nutzen Sie die präventive Power der bioaktiven Glucane für Ihre Gesundheit und machen Sie regelmäßige Hafer-Mahlzeiten zu Ihrem täglichen Ritual. Starten Sie zum Beispiel mit einem leckeren Porridge in den Tag und nutzen Sie die Beta-Glucan-Kraft zusätzlich in einer zweiten und/oder dritten Mahlzeit mit einem Haferbrot oder anderen herzhaften Hafergerichten.
Die Rezepte in diesem Ratgeber (s. ab S. 59) erleichtern Ihnen die Umsetzung im Alltag.

AUF EINEN BLICK – GESUNDHEITSEFFEKTE DER GETREIDE-BETA-GLUCANE

ORGAN	SO WIRKEN GETREIDE-BETA-GLUCANE	DIESE GESUNDHEITSEFFEKTE AUF DEN STOFFWECHSEL WERDEN INITIIERT
Magen	Mahlzeitenvolumen und Magendehnung werden erhöht, die Magenentleerungszeit wird verlängert.	• Die Sättigung wird verlängert und intensiviert ⇢ positive Wirkung auf das Gewichtsmanagement.
Dünndarm	Die Glukoseaufnahme vom Darm ins Blut wird verlangsamt.	• Langsameres Anfluten der Glukose im Blut. • Niedrigere Blutzuckerspiegel nach der Mahlzeit ⇢ Entlastung des Blutgefäßsystems. • Verringerung der Insulinfreisetzung ⇢ positive Wirkung auf das Gewichtsmanagement.
Dünndarm	Die Bindung und Ausscheidung von Gallensäure werden erhöht.	• Gallensäuren stehen in geringerem Umfang für die Rückbildung von Cholesterin zur Verfügung. • Gallensäuren müssen aus dem Cholesterinpool neu gebildet werden ⇢ das Serum-Cholesterin sinkt.
Dünndarm	Das Stuhlvolumen wird erhöht.	• Die Darmperistaltik wird angeregt und damit einer Verstopfung gezielt entgegengewirkt.
Dickdarm	Bestes Bakterienfutter!	• Der pH-Wert sinkt, nützliche Darmbakterien werden gefördert und ungünstige werden im Wachstum gehemmt. • Bildung kurzkettiger Fettsäuren und dadurch Schutz der Schleimhautzellen und Steigerung der Immunabwehr.

ALLES EASY – GEWICHTSMANAGEMENT

Geht es um Stoffwechselgesundheit, ist der erste Fokus auf das Körpergewicht gerichtet. Regelmäßiger Konsum von Hafer und Haferprodukten hilft beim Gewichtsmanagement.

Das Erreichen und langfristige Halten eines normalen Körpergewichts gilt als unentbehrlich, um sowohl Gesundheitsgefahren einer Mangelernährung als auch Risiken durch Überversorgung zu vermeiden.

NORMALGEWICHT

Als erstes Maß zur Beurteilung des Körpergewichts hat sich in den letzten Jahrzehnten der **Body-Mass-Index (BMI)** etabliert. Der BMI definiert das Verhältnis von Körpergewicht in Kilogramm zu Körpergröße in Metern zum Quadrat (BMI = kg/m²) . Nach der Klassifikation der World Health Organisation (WHO) gilt für Erwachsene ein BMI im Bereich von 18,5 kg/m² und 24,9 kg/m² als Normalgewicht (s. Tabelle rechts).

BMI UND RISIKOBEWERTUNG

Ein BMI unter 18,5 kg/m² gilt als **Untergewicht**, verbunden mit dem Risiko des Nährstoffmangels. Mangelversorgung geht einher mit der Gefahr von Muskelabbau, Schwächung der Organfunktionen und der Immunabwehr. Mit einem BMI von mehr als 24,9 kg/m² beginnt die **Präadipositas**, die Vorstufe der Fettleibigkeit, und als behandlungsbedürftige **Adipositas** gilt ein BMI über 30 kg/m². Diese Kennzeichen einer Überernährung haben Risiken für den Gelenkapparat und das Stoffwechselgleichgewicht im Gepäck. Aus metabolischen Störungen können sich Fettstoffwechselstörungen, Diabetes mellitus Typ 2, Bluthochdruck und eine Hyperurikämie (erhöhte Harnsäurewerte im Blut) entwickeln.
Die BMI-Berechnung liefert jedoch nur einen ersten Hinweis zur Risikoeinschätzung. Zur genaueren **Bewertung des individuellen Risikoprofils** finden familiäre Belastun-

gen durch Herz-Kreislauf-Erkrankungen und Laborparameter wie Gesamteiweiß, Blutzucker, LDL-Cholesterin, Triglyceride, Leber- und Nierenwerte Berücksichtigung. Zusätzlich werden Blutdruckwerte, Ultraschalluntersuchungen sowie Messung des Bauchumfangs und/oder Erfassung von Fettmasse, Muskelmasse und Wasser mittels bioelektrischer Impedanz-Analyse erfasst und beurteilt. Entsprechend kann man auch einen Behandlungsplan nur abhängig vom persönlichen Risiko formulieren.

HAFER SORGT FÜR SLOW CARBS

Schnelle Kohlenhydrate aus Zuckern, süßen Getränken und Weißmehlprodukten schießen förmlich ins Blut und fordern vom Körper eine schnelle und heftige Insulinantwort, um den Zucker zügig in die Zellen zur Energiegewinnung einzuschleusen und die Blutgefäße zu entlasten. Damit setzen sie eine unerwünschte Spirale in Gang, denn das Bauchspeicheldrüsen-Hormon Insulin senkt nicht nur den Blutzucker, es ist ein anaboles Hormon, das auch in den Fettstoffwechsel eingreift. Es bremst die Fettverbrennung und fördert die Gewichtszunahme durch übermäßige Bildung von Fettgewebe, ganz besonders von viszeralem Fettgewebe – auch als Unterbauch- oder Eingeweide-Fettgewebe bezeichnet. Dieses behindert die Insulinwirkung und ist mit hohem Risiko für die Entwicklung von Herz-Kreislauf-Erkrankungen assoziiert. Hier kommt der Effekt der »Slow Carbs«, also langsamer Kohlenhydrate, ins Spiel. Mit ihnen gelingt es, die Insulinausschüttung im Zaum zu halten. Hafer mit seinem hohen Getreide-Beta-Glucan-Gehalt erweist sich an dieser Stelle förmlich als Bodyguard (s. S. 25). Mit den leckeren Rezepten aus diesem Ratgeber können Sie sich bei Ihrem Gewichtsmanagement unterstützen lassen.

UNTERE UND OBERE NORMALGEWICHTSGRENZEN ERWACHSENER

KÖRPERGRÖSSE	NORMALGEWICHT BEI 18,5 BIS 24,9 KG/M²
1,55 m	44,4 kg bis 59,8 kg
1,60 m	47,4 kg bis 63,7 kg
1,65 m	50,4 kg bis 67,8 kg
1,70 m	53,5 kg bis 72,0 kg
1,75 m	56,7 kg bis 76,3 kg
1,80 m	59,9 kg bis 76,3 kg
1,85 m	63,3 kg bis 82,9 kg
1,90 m	66,8 kg bis 89,9 kg

FETTSTOFFWECHSEL ENTLASTEN

Hohe LDL-Cholesterinwerte belasten Blutgefäße und Herz. Der gezielte Einsatz von Hafer und Haferprodukten unterstützt die Cholesterinsenkung.

Cholesterin ist im Körper wichtiger Baustein für die Zellmembranen und Ausgangssubstanz für unentbehrliche Stoffe. So werden aus Cholesterin Hormone, Vitamin D sowie Gallensäuren für die Fettverdauung hergestellt. Im Blut wird Cholesterin an Proteine gebunden transportiert (Lipoproteine). Lipoproteine hoher Dichte (High Density Lipoprotein, HDL) befördern Cholesterin aus der Leber in die Periphere. Lipoproteine niedriger Dichte (Low Density Lipoprotein, LDL) sorgen für den Rücktransport zur Leber. Erhöhtes LDL kann Ablagerungen in der inneren Wand arterieller Blutgefäße verursachen. Erniedrigtes HDL (unter 49 mg je 100 ml/1,03 mmol pro Liter) erhöht das Risiko zusätzlich. HDL kann erhöhtes LDL nur bedingt ausgleichen. Die Theorie von HDL als LDL-Gegenspieler gilt als überholt.

ERHÖHTES LDL-CHOLESTERIN

Die Gründe hierfür sind unterschiedlich:
Es kann eine **primäre Hypercholesterinämie** vorliegen mit genetisch bedingtem, gestörtem Abbau von LDL-Cholesterin.
Bei einer **sekundären Hypercholesterinämie** ist das LDL-Cholesterin aufgrund anderer Erkrankungen wie Adipositas, Diabetes mellitus und Fettleber oder als Folge einer Unterfunktion der Schilddrüse erhöht. Lebensstilfaktoren wie Lebensmittelauswahl und körperliche Aktivität nehmen ebenfalls Einfluss auf das LDL-Cholesterin.

LDL-CHOLESTERIN UND RISIKOBEWERTUNG

Maßgeblich für die **Festlegung des LDL-Zielwerts** ist das individuellen Risikoprofil für kardiovaskuläre Erkrankungen:

- Ist das Risiko für Herz-Kreislauf-Erkrankungen sehr hoch, weil bereits Herzerkrankungen, Diabetes mellitus Typ 2, eingeschränkte Nierenfunktion oder ausgeprägter Bluthochdruck bestehen, liegt der Zielwert für LDL-Cholesterin bei unter 70 mg/100 ml (1,8 mmol/l).
- Bei einem hohem Risiko soll ein Zielwert von weniger als 100 mg/100 ml (2,6 mmol/l) angestrebt werden.
- Bei mittlerem bis niedrigen Risiko ist ein Zielwert von weniger als 115 mg/100 ml (3,0 mmol/l) ausreichend.

Die Festlegung des LDL-Zielwertes ist Aufgabe der behandelnden Ärztinnen und Ärzte.

ENTEROHEPATISCHER KREISLAUF

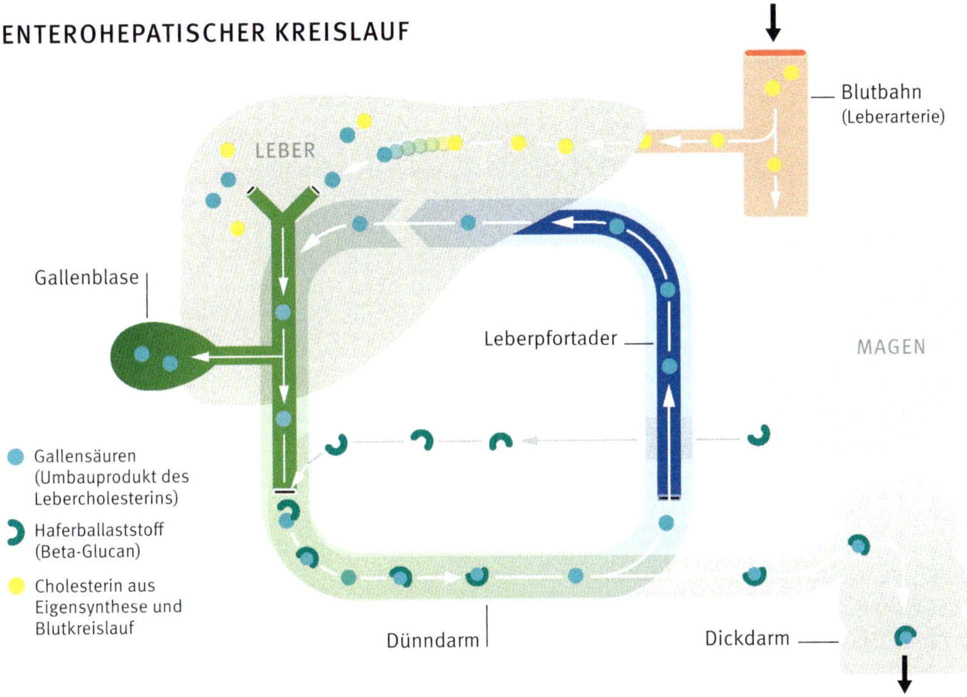

HAFER SENKT DAS LDL-CHOLESTERIN

Die Getreide-Beta-Glucane aus Hafer senken LDL-Cholesterin über einen indirekten Effekt. In der Leber ist Cholesterin auch das Ausgangsprodukt für die Bildung der Gallensäuren. Diese werden in den Darm abgegeben und dienen dort der Fettverdauung. Über einen **entero-hepatischen Kreislauf** (Darm-Leber-Kreislauf) gelangen die Gallensäuren zurück zur Leber und können zu Cholesterin rückgebildet werden.
Beta-Glucane binden Gallensäuren, blockieren so deren Rücktransport zur Leber, sodass diese über den Stuhl ausgeschieden werden. Die Leber muss sich aus dem Cholesterin-Pool bedienen, um neue Gallensäuren herzustellen. Für einen messbaren Effekt auf die Senkung des LDL-Cholesterins sind Tagesmengen von 3 g Beta-Glucan und Mahlzeiten mit mindestens 1 g Beta-Glucan erforderlich. Unter dieser Voraussetzung wurde Beta-Glucanen von der Europäischen Behörde für Lebensmittelsicherheit (EFSA) ein **Gesundheitsnutzen (Health-Claim)** zugesprochen. Damit Sie diesen voll ausschöpfen können, haben wir die Beta-Glucan-Gehalte für jedes unserer Rezepte mit angegeben und Mahlzeitenkombinationen zusammengestellt, mit denen Sie auf 3 g Beta-Glucan pro Tag kommen (s. Umschlag).

BLUTZUCKER IM GRIFF

Hohe Blutglukosewerte schädigen die kleinen und großen Blutgefäße. Regelmäßige Hafermahlzeiten helfen, den Blutzuckerspiegel zu senken.

Nach der Verdauung gelangt Zucker ins Blut und wird zur Produktion energiereicher Verbindungen in die verschiedenen Zellen des Körpers eingeschleust. Der hierfür erforderliche Botenstoff ist das Hormon Insulin.

BLUTZUCKER UND INSULINWIRKUNG

Insulin wird in den Beta-Zellen der Bauchspeicheldrüse produziert und bedarfsentsprechend ausgeschüttet. Gerät das fein aufeinander abgestimmte Zusammenspiel aus Blutzuckeranstieg und Insulinbereitstellung aus der Balance, bezeichnet man dies als gestörte Glukosetoleranz oder Diabetes Typ 2. Diabetes Typ 2 ist oftmals erblich. Lebensstilfaktoren wie Überernährung und körperliche Inaktivität haben jedoch großen Einfluss darauf, ob tatsächlich eine Stoffwechselerkrankung entsteht.

Neben den Blutzuckerwerten gibt auch der HbA1c (verzuckerter roter Blutfarbstoff) Aufschluss über die diabetische Stoffwechsellage. HbA1c, auch als Blutzuckerlangzeitwert bezeichnet, erlaubt eine Beurteilung des durchschnittlichen Blutzuckers der letzten 120 Tage. HbA1c-Werte über 5,7 bis 6,4 Prozent werden als gestörte Glukosetoleranz bezeichnet. Die Diagnose manifester Diabetes wird bei einem HbA1c von mehr als 6,5 Prozent gestellt. Kennzeichnend ist, dass die Insulinantwort auf

EINTEILUNG DER BLUTZUCKERWERTE

BEURTEILUNG	BLUTZUCKERWERT NÜCHTERN (VOR DEN MAHLZEITEN)	BLUTZUCKERWERT NACH DEM ESSEN (CA. 2 STUNDEN NACH DEN MAHLZEITEN)
kein Diabetes	60–100 mg/dl oder 3,3–5,5 mmol/l	90–140 mg/dl oder 5,0–7,8 mmol/l
Verdacht auf Diabetes mellitus Typ 2	100–110 mg/dl oder 5,5–6,1 mmol/l	140–200 mg/dl oder 7,8–11,1 mmol/l
Diagnose Diabetes mellitus Typ 2	› 110 mg/dl oder › 6,1 mmol/l	› 200 mg/dl oder › 11,1 mmol/l

HAFERKLEIE VERMEIDET BLUTZUCKERSPITZEN

Für die Wirkung der Beta-Glucane aus Hafer und Gerste auf den Blutzucker wurde von der Europäischen Behörde für Lebensmittelsicherheit (EFSA) ein Health-Claim – also ein nachgewiesener Gesundheitsnutzen – formuliert. Durch den Verzehr von 4 g Beta-Glucanen je 30 g verfügbarer Kohlenhydrate lässt sich der Blutzuckerspiegelanstieg postprandial (nach der Mahlzeit) verringern.

Das können Sie gut erreichen, indem Sie Haferkleie einsetzen. Haferkleie enthält je 100 g nur 47 g Kohlenhydrate und der Gehalt an Beta-Glucanen ist mit 8,1 g je 100 g doppelt so hoch wie der von Haferflocken. Kochen Sie zum Beispiel ein Porridge mit 50 g Haferkleie nach der klassischen Methode mit Wasser und einer Prise Salz und genießen Sie das Ganze mit einem Topping aus Beerenfrüchten und Mandeln.

einen Blutzuckeranstieg verzögert erfolgt, zusätzlich ist die Wirkung des Insulins beeinträchtigt (Insulinresistenz).

HYPERINSULINÄMIE EINDÄMMEN

Der Körper versucht eine Insulinresistenz durch Steigerung der Insulinmenge auszugleichen – eine Hyperinsulinämie ist die Folge. Damit ist eine Teufelsspirale aus Insulinresistenz und kompensatorischer Hyperinsulinämie in Gang gesetzt. Insulin senkt nicht nur den Blutzucker, sondern wirkt auch anabol – eine hohe Insulinmenge hat daher eine Steigerung von Körpergewicht, Fettgewebe und viszeralem Fettgewebe zur Folge. Eine Zunahme des Fettgewebes geht einher mit einer fortschreitenden Insulinresistenz, gefolgt von weiter steigender Hyperinsulinämie. Damit verbunden ist die Gefahr für die Entwicklung kardiovaskulärer Komplikationen.

Durch den gezielten Einsatz von Getreide-Beta-Glucanen kann die Hyperinsulinämie eingedämmt werden. Die löslichen Beta-Glucane binden viel Wasser, quellen auf und erhöhen dadurch Magenvolumen und Magendehnung. Zusätzlich werden Magenentleerung und Kohlenhydratverdauung verzögert. Das Ergebnis ist ein Bremseffekt auf das Anfluten der verdaulichen Kohlenhydrate. Als Benefit des langsameren Blutzuckeranstiegs wird weniger Insulin freigesetzt und einer Hyperinsulinämie aktiv entgegengewirkt. Besteht die Insulinresistenz schon über längere Zeit, sind Hafertage an zwei- bis drei aufeinanderfolgenden Tagen empfehlenswert. Mit ihrer Hilfe kann es gelingen, auch manifeste Insulinresistenzen zu durchbrechen (s. S. 46 ff).

HAFEREFFEKTE AUF DEN BLUTDRUCK

Dauerhaft erhöhte Blutdruckwerte sind eine Belastung für Herz und Gefäßsystem. Mit seinem Gehalt an Getreide-Beta-Glucanen und dem Positiveffekt auf das Körpergewicht hilft Hafer auch bei Hypertonie.

Der Druck in den Blutgefäßen kann aus unterschiedlichen Gründen erhöht sein. Neben familiärer Veranlagung, Erkrankungen der Nieren und Schlafstörungen können unerwünschte Arzneimittelnebenwirkungen und Lebensstilfaktoren eine Rolle spielen. Zu den Lebensstilfaktoren mit negativer Wirkung auf den Blutdruck zählen insbesondere Rauchen, Überernährung, hoher Alkoholkonsum und körperliche Inaktivität.

SO HILFT HAFER DEM BLUTDRUCK

Überernährung ist häufig mitverantwortlich für hohen Blutdruck. Der systolische Blutdruck lässt sich mit jedem Kilogramm Gewichtsreduktion um 1–2 mmHg reduzieren. Regelmäßige Hafermahlzeiten helfen bei der Gewichtsreduktion, indem sie das Sättigungsempfinden verstärken, die Glukoseaufnahme und damit auch die Insulinausschüttung verlangsamen.
Zusätzlich zu dieser indirekten Wirkung über das Körpergewicht hat Hafer aber auch eine direkte Wirkung auf den Blutdruck: Untersuchungen konnten belegen, dass Getreide-Beta-Glucane eine blutdrucksenkende Wirkung haben. Um diesen Effekt zu erzielen, sind 5,5 g Getreide-Beta-Glucan pro Tag erforderlich. Um 5,5 g Hafer-Beta-Glucan aufzunehmen, muss in die verschiedenen Mahlzeiten eine Tagesmenge von insgesamt 140 g Hafer eingebaut werden. Diese Hafermengen werden während

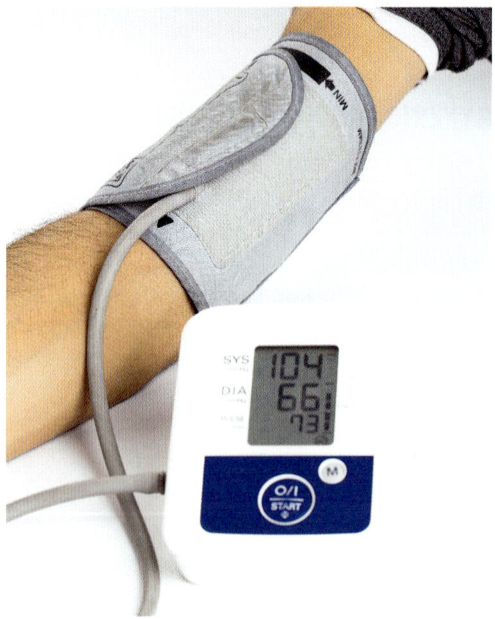

der Haferkur (s. S. 46) erreicht oder sogar übertroffen, sind aber, bei aller Liebe zum Hafer, im Alltag oft schwierig durchzuhalten.

HAFERMYTHEN UND FAKTEN

Verschiedene Mythen kursieren rund um den Hafer als blutdrucksenkendes Therapeutikum – hier nun die Fakten:

- **Kalium:** Eine kaliumreiche Ernährung senkt den systolischen Blutdruck um 8–14 mmHg. Hafer wird verschiedentlich wegen seines Kaliumgehalts eine positive Wirkung auf den Blutdruck zugesprochen. Die Deutsche Gesellschaft für Ernährung (DGE) empfiehlt für Erwachsene eine tägliche Kaliumzufuhr von 4 000 mg. Je 100 g liefert Hafer 355 mg Kalium, gemessen an der DGE-Empfehlung entspricht das nicht einmal 10 Prozent. Berücksichtigt man zudem, dass häufig nicht einmal 100 g Hafer pro Tag verzehrt werden, kann Hafer leider nur einen kleinen Beitrag zur Kaliumversorgung leisten. Für die blutdrucksenkende Wirkung einer ausreichend hohen Kaliumzufuhr sind die Lebensmittel aus der Gemüse- sowie aus der Früchtegruppe schon deshalb deutlich effektiver, weil wir sie in größeren Mengen pro Tag aufnehmen können und sollen. Ausgenommen von dieser Empfehlung sind dialysepflichtige Patienten.
- **Bioaktive Substanzen:** Neben den blutdrucksenkenden Getreide-Beta-Glucanen (s. S. 24 ff) enthält Hafer eine Reihe sekundärer Pflanzenstoffe. Das hafereigene Polyphenol Avenanthramid wird derzeit auch auf seine blutdrucksenkende Wirkung untersucht. Für eine abschließende Beurteilung der Effekte müssen Humanstudien abgewartet werden.

EINTEILUNG DER BLUTDRUCKWERTE NACH ANGABEN DER DEUTSCHEN HOCHDRUCKLIGA

BLUTDRUCKWERT (SYSTOLISCH/DIASTOLISCH)	BEURTEILUNG
< 120/< 80 mmHg	optimal
120–129/80–84 mmHg	normal
130–139/85–89 mmHg	hochnormal
140–159/90–99 mmHg	Bluthochdruck Grad 1
160–179/100–109 mmHg	Bluthochdruck Grad 2
> 180/> 110 mmHg	Bluthochdruck Grad 3
> 140/< 90 mmHg	isolierter systolischer Bluthochdruck

HAFER HILFT BEI NICHTALKOHOLISCHER FETTLEBER

Die nichtalkoholische Fettleber wird durch ein Übermaß an Weißmehlprodukten und Zucker verursacht. Auch schlanke Menschen können betroffen sein.

Die nichtalkoholische Fettlebererkrankung (NAFLD) ist eine typische Zivilisationskrankheit und wird meist als Zufallsbefund festgestellt. Die nahrungsabhängige Fettleber lässt sich bei rechtzeitiger Behandlung komplett heilen. Unbehandelt kann sich dagegen auch aus einer NAFLD eine Leberentzündung und schließlich eine Fibrose mit Gewebeschädigungen entwickeln. Diese Leberschädigung ist nicht mehr heilbar.

ESSPAUSEN – ZUSÄTZLICHER LEBERSCHUTZ

Sie können die Insulinausschüttung zusätzlich drosseln, indem Sie zwischen den Mahlzeiten mindestens vier Stunden Pause lassen. Bei längeren Wanderungen oder Radtouren sorgen statt Riegeln und Säften belegte Vollkornbrote, eine Handvoll Nüsse und Rohkost für Power und halten die Insulinausschüttung im Zaum.

Entwickelt sich aus einer Leberfibrose eine Zirrhose mit Verlust der Funktionsfähigkeit betroffener Leberzellen, sind schwerste Beeinträchtigungen des Stoffwechsels und unzureichende Entgiftung die Folge.

SCHNELLE KOHLENHYDRATE UND NICHTALKOHOLISCHE FETTLEBER

Eine Ernährung mit einem hohen Anteil an schnellen Kohlenhydraten aus Süßigkeiten, Weißmehlprodukten, Säften und Softdrinks löst ein mittleres Chaos im Stoffwechsel aus. Fehlt die Bremswirkung im Magen-Darm-Trakt, werden Kohlenhydrate mit enormer Geschwindigkeit in das Blutsystem katapultiert. Um Schädigungen der Blutgefäße zu vermeiden, schüttet der Körper reichlich Insulin aus der Bauchspeicheldrüse aus. Das Hormon befördert den Zucker in die Zellen und heizt parallel die Fettbildung an. Mit steigendem Leberfettanteil wird die Leber zunehmend resistenter gegen Insulin, daher wird immer mehr Insulin gebraucht und die Leberverfettung schreitet immer weiter voran.

TEUFELSKREIS FETTLEBER

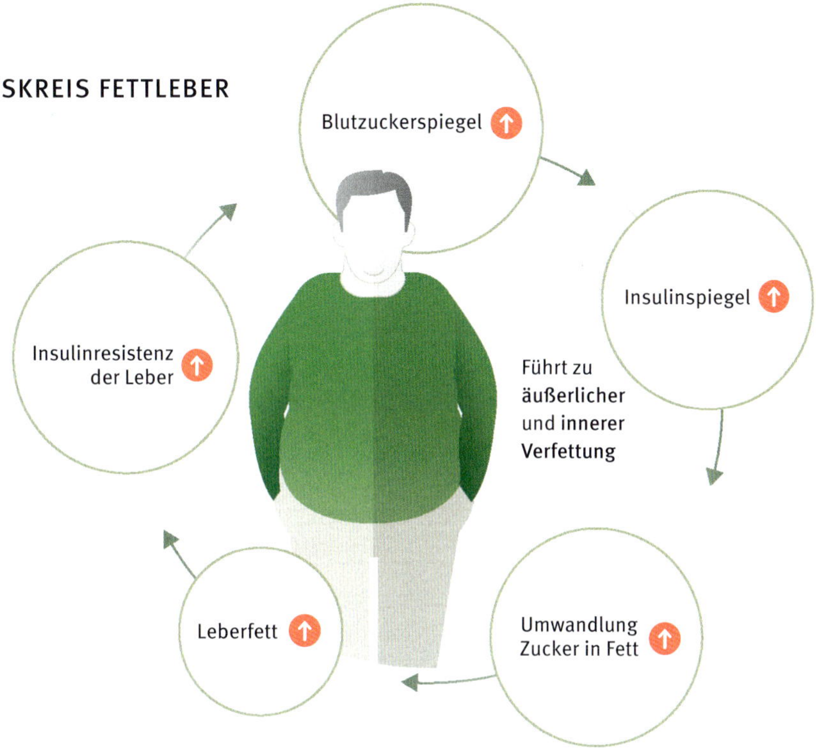

LEBERVERFETTUNG STOPPEN

Eine nichtalkoholische Fettleber kann vollständig ausgeheilt werden, solange keine fibrotischen Veränderungen eingesetzt haben. Darunter versteht man den Ersatz zugrunde gegangener Leberzellen durch reparatives Bindegewebe. Mit Feststellung der Diagnose NAFLD sollte die Therapie daher möglichst zügig starten. Medikamente gegen Fettleber existieren derzeit nicht. Ursache der nichtalkoholbedingten Verfettung der Leber ist ein Teufelskreis aus starkem Blutzuckeranstieg, viel Insulin, Fetteinlagerung in der Leber, Insulinresistenz, Hyperinsulinämie und weiter fortschreitender Leberverfettung. An dieser Stelle braucht es eine gute Bremswirkung auf den Blutzucker, um den Teufelskreis zu stoppen. Hafer reduziert nachweislich den Blutzuckeranstieg nach den Mahlzeiten. Durch seinen hohen Anteil an Getreide-Beta-Glucanen fungiert er im Dünndarm als wirksame Bremse beim Stärkeabbau und sorgt so für ein verlangsamtes Anfluten von Glukose im Blut mit demzufolge verminderter Insulinausschüttung (s. S. 32 ff). Regelmäßige Hafermahlzeiten sind daher eine sinnvolle Maßnahme zur Behandlung der NAFLD. Die Leber kann ihre vielfaltigen Aufgaben dann wieder in vollem Umfang wahrnehmen.

HAFER UND DARMGESUNDHEIT

In unserem Darm tummeln sich 100 Billionen Bakterien. Wenn die guten Bakterien überwiegen, geht es nicht nur dem Darm, sondern dem gesamten Organismus gut.

Von Hippokrates von Kos, dem berühmten Arzt der Antike, stammt der Merksatz: »Unsere Nahrungsmittel sollten Heilmittel und unsere Heilmittel Nahrungsmittel sein.« Artgerecht ausgewählte Lebensmittel mit einer hohen Dichte an unentbehrlichen Nährstoffen sollen Mangel vermeiden und so für einen geordneten Ablauf der Vielzahl von Stoffwechselvorgängen sorgen. Derart bewusst gewählt können wir unsere Gesundheit direkt mit ausreichenden Mengen an essenziellen Aminosäuren, Fettsäuren, Vitaminen und Mineralstoffen fördern.

DIE DARMMIKROBIOTA GÜNSTIG STIMMEN

Denken wir uns eine Etage tiefer hin zu unserem Dickdarm und den dort lebenden 100 Billionen Mitbewohnern, bekommt der hippokratische Merksatz eine zweite Dimension. Denn unsere Nahrungsmittelwahl beeinflusst nicht nur den Versorgungszustand unserer Körperzellen, sondern auch das Wohlergehen unserer Darmbakterien. Unsere sogenannte Darmmikrobiota steht über die Zellen der Darmschleimhaut in direktem Kontakt mit unserem gesamten Organismus. Wir sind demnach gut beraten, unsere dienstbare Mikrobiota mit ausreichend Bakterienfutter zu fördern.

HOCHWILLKOMMEN – BUTYRATBILDENDE BAKTERIEN

Eine Schlüsselrolle in Sachen Gesunderhaltung kommt dabei den Bakterien zu, die Butyrat (Salz der Buttersäure) bilden können. Butyrat ist die Hauptenergiequelle für die Zellen unserer Darmschleimhaut. Zudem werden Schleimhautzellen und lokale Immunabwehr stabilisiert. Wenn Sie reichlich Ballaststoffe und sekundäre Pflanzenstoffe aufnehmen, fördern Sie die guten Butyrat-Bildner. Anhaltender Butyratmangel hingegen erhöht das Risiko für Zivilisationskrankheiten wie Typ 2-Diabetes, Adipositas und Herz-Kreislauf-Erkrankungen.

WARUM IST BUTYRAT FÜR DIE DARMZELLEN SO WICHTIG?

Die Zellen unserer Dickdarmschleimhaut decken ca. 70 Prozent ihres Energiebedarfs durch kurzkettige Fettsäuren – allen voran Butyrat. Durch eine gute Versorgung mit

BESTES FUTTER FÜR DIE DARMBAKTERIEN

Hier die wichtigsten Tipps, wie Sie Ihren Darmbakterien viel Gutes tun können:

- Essen Sie täglich Vollkorngetreide, besonders Hafer. Zusätzlich zu den Getreide-Beta-Glucanen nehmen Sie so noch das bioaktive Polyphenol Avenanthramid auf.
- Genießen Sie täglich große Portionen aus der Gemüsegruppe! Ob als Rohkost, Salat oder warmes Gemüse – insgesamt sollten Sie auf eine Menge von mindestens 450 g, besser noch 600 g kommen. Genießen Sie ergänzend dazu 125 g Obst, bevorzugt Beerenfrüchte. Neben Ballaststoffen nehmen Sie dadurch reichlich bioaktive Substanzen auf und bieten Ihrer Darmmikrobiota ein Festmahl.
- Gönnen Sie sich und Ihren Darmbakterien mindestens zwei Mal wöchentlich Veggie-Mahlzeiten mit Hülsenfrüchten (Bohnen, Kichererbsen, Linsen).
- Darmbakterien lieben auch den Powerstoff resistente Starke. Lässt man gegarte Stärkelieferanten wie Kartoffeln, Reis oder Nudeln 12 bis 24 Stunden abkühlen, bildet ein Teil der Stärke kristalline Bereiche. Die so umgebildete Stärke gelangt unverdaut in den Dickdarm - ein Festmahl für nützliche Bifido- und Milchsäurebakterien.
- Trinken Sie – wenn überhaupt – nur wenig Alkohol.

Butyrat werden die Dickdarmzellen gestärkt und können ihre Schutzfunktion gegenüber mit der Nahrung aufgenommenen Schadstoffen und Krankheitserregern perfekt erfüllen. Immunabwehr sowie der gesamte Stoffwechsel werden auf diese Art und Weise positiv beeinflusst. Wie gut, dass wir durch die richtige Wahl unserer Lebensmittel die Butyrat-bildenden Bakterien fördern können: Ernährungsweisen mit hohem Fleischkonsum reduzieren die Butyrat-Bildner. Ein pflanzenbetontes Ernährungsmuster lässt hingegen die Butyrat-Bildner ansteigen. Ein guter Grund, ganz regelmäßig auf Veggie-Gerichte zu setzen.

POWER-BAKTERIENFUTTER UND EINFLUSS AUF DEN PH-WERT

Hafer mit seinem hohen Gehalt an Getreide-Beta-Glucanen liefert wahres Kraftfutter für die Darmbakterien. Die präbiotischen Beta-Glucane können durch die Enzymsysteme des Dünndarms nicht abgebaut werden. Unverdaut gelangen sie in den Dickdarm und werden dort von den Mikroorganismen fermentiert. Dabei entstehen zellschützendes Butyrat und weitere kurzkettige Fettsäuren. Zugleich wird der pH-Wert (Säurewert) gesenkt und so das Wachstum guter Bakterien gefördert, die unerwünschte Darmbewohner zurückdrängen.

POWERSTOFF IN DER SPORTLERERNÄHRUNG

Eine bedarfsdeckende Nährstoffzufuhr ist unentbehrlich für die Leistungsfähigkeit sportlich aktiver Menschen. Regelmäßige Hafermahlzeiten unterstützen eine ausgewogene Ernährung bei stärkerer Beanspruchung.

Eine ausgewogene Kost spielt für Sporttreibende eine große Rolle im Hinblick auf Leistungsvermögen und Regenerationsfähigkeit. Doch auch im Freizeitsport profitieren Sie von einer individuell angepassten Ernährung. Mit seiner speziellen Nährstoffzusammensetzung ist Hafer auch für die Sportlerernährung bestens geeignet. Hafer liefert pflanzliche Proteine mit einem hohen Anteil an essenziellen Aminosäuren und Fettsäuren, die für den Aufbau von Muskelzellen notwendig sind. Dazu gibt's Kohlenhydrate für die zu leistende Muskelarbeit. Durch den hohen Anteil an Getreide-Beta-Glucanen gelangen die Kohlenhydrate nur langsam ins Blut. Vor länger dauernden Trainingseinheiten oder Wettkämpfen erweisen sich haferbetonte Mahlzeiten daher als vorteilhaft, weil sie den Blutzucker langanhaltend stabilisieren. Unproduktive Blutzuckerspitzen durch schnell anflutende Kohlenhydrate mit nachfolgendem schnellem Blutzuckerabfall werden vermieden. Hafer ist damit für Ausdauer- und Ballsportarten wie auch für Kraftsport gut geeignet.

MEHRBEDARF AN MIKRONÄHRSTOFFEN

Wer viel Sport treibt, hat einen erhöhten Bedarf an bestimmten Mikronährstoffen. So steigt zum Beispiel wegen des höheren Energiebedarfs auch der Bedarf an Vita-

AUS DER FORSCHUNG

Positive Effekte auf die Entzündungswerte, die Vermeidung von Muskelverletzungen und die Regeneration nach körperlicher Belastung wurden in kleineren Untersuchungen durch hohe Avenanthramid-Gehalte von zweimal täglich 4,6 mg beschrieben. Natürlicher Hafer enthält lediglich 0,03 mg Avenanthramide je 100 g. Mit natürlichem, nicht supplementiertem Hafer lassen sich die den Studien zugrunde liegenden hohen Gehalte dieses Polyphenols nicht realisieren.

minen, die am Energiestoffwechsel sowie am Stoffwechsel von Proteinen, Fetten und Kohlenhydraten beteiligt sind. Hierbei sind insbesondere die B-Vitamine B_1, B_6 und Niacin zu nennen. Hafer ist eine gute Quelle für diese B-Vitamine (s. S. 19). Regelmäßige haferbetonte Mahlzeiten vor und/ oder nach dem Sport sind bestens geeignet, zur Deckung des Mehrbedarfs an diesen B-Vitaminen beizutragen.

Das Schwitzen bei sportlichen Aktivitäten geht einher mit Mineralstoffverlusten an Kalzium, Eisen, Natrium, Kalium, Kupfer, Magnesium und Zink. Hafer ist eine gute Quelle für Eisen, Kupfer, Magnesium, Zink (s. S. 20 ff). Auch die Mengen an Kalzium und Kalium pro Haferportion von 50 g reichen völlig aus, um die sportassoziierten Mineralstoffverluste aufzufangen. Lediglich die hohen Natrium-Verluste müssen gezielt durch natriumhaltiges (Mineral-)Wasser (200 mg Natrium/l) ausgeglichen werden.

NICHT OHNE HAFER

Idealerweise decken Sie den Mehrbedarf während des Sport nicht mit leeren Kalorienträgern wie süßen Riegeln oder Traubenzucker, sondern mit vollwertigen mikronährstoffreichen Lebensmitteln aus dem Mahlzeitenquartett (s. S. 42). Süße oder herzhafte Porridges aus Haferflocken mit Skyr oder Quark, zuckerarmen Beerenfrüchten oder Gemüse sowie Mandeln, Nüssen oder Samen als Topping sind ein ideales Power-Food vor und nach dem Sport.

MAHLZEITEN NACH DEM QUARTETTSYSTEM

Mit ausgewogenen Quartett-Mahlzeiten ist der Organismus bestens versorgt und Mangel wie auch Überernährung können vermieden werden.

Nach dem Quartettsystem (s. Info rechts) zusammengestellte Mahlzeiten sind bestens geeignet, die komplexen Anforderungen an eine gesundheitsfördernde Ernährungsweise zu erfüllen. Ein solches Ernährungskonzept ist durch ein ausgesprochen gutes Nährstoffprofil charakterisiert und entlastet gleichzeitig den Stoffwechsel.

QUARTETT-MAHLZEITEN IM FOKUS

Quartett-Mahlzeiten kombinieren:
- Lebensmittel der Gemüsegruppe
- Stärkelieferanten (Getreide, Kartoffeln)
- Proteinlieferanten (Milchprodukte, Fisch, Geflügel, Fleisch, Hülsenfrüchte)
- pflanzliche Öle, Nüsse oder Samen

In dieser Weise zusammengestellte Mahlzeiten machen lange satt und haben eine hohe Nährstoffdichte, liefern also viele Nährstoffe ohne übermäßige Kalorien. Zudem halten sie den Blutzuckerspiegel in der Balance und sorgen damit für eine Entlastung des gesamten Stoffwechsels. Die Insulinausschüttung der Bauchspeicheldrüse wird durch die Vermeidung von schnellen Blutzuckeranstiegen im Zaum gehalten und demzufolge eine Kaskade von Positivwirkungen in Gang gesetzt:
- Reduktion von viszeralem Fettgewebe
- Entlastung der Leber
- verbessertes Gewichtsmanagement
- günstige Beeinflussung der Blutfettwerte und des Blutdrucks

Der konstante Blutzucker gewährleistet auch ein hohes Leistungsniveau und eine gute Konzentrationsfähigkeit.

HAFER TOPPT DEN EFFEKT

Werden die Stärkelieferanten ganz oder teilweise durch Hafer repräsentiert, gelangen die Nährstoffe noch langsamer vom Dünndarm ins Blut. Verantwortlich für den gesteigerten stoffwechselentlastenden Effekt ist der hohe Anteil an Getreide-Beta-Glucanen. Voraussetzung für einen merklichen Zusatznutzen sind mindestens 1 g Beta-Glucane je Mahlzeit – dafür braucht es 25 g Haferflocken oder 12,5 g Haferkleie. Testen Sie den zusätzlichen Gesundheitseffekt von Hafer anhand der Rezepte in diesem Buch!

INFO

Mit Mahlzeiten nach dem Quartettsystem erhält der Organismus die nötigen Nährstoffe, zeitgleich wird für effektive Blutzuckerentlastung gesorgt und damit überschießende Insulinausschüttung verhindert. Wie beim Kartenspiel ist das Quartett erst komplett, wenn alle vier Lebensmittelgruppen zusammenkommen. Also keine Gruppe weglassen oder eine fehlende Gruppe durch eine vorhandene doppelt besetzen.

- Lebensmittel aus der Gemüsegruppe als Rohkost, Salat oder warmes Gemüse. Die Tagesmenge soll täglich bei 450 g bis 600 g liegen und kann über den Tag verteilt durch bis zu 250 g Früchte ergänzt werden.

- Möglichst häufig komplexe Kohlenhydrate aus Vollkorn genießen und die Menge je nach körperlicher Aktivität anpassen.

- Pflanzliche und tierische Proteine im Verhältnis 1 : 1 und in ausreichender Menge wählen; am besten gleichmäßig auf die Tagesmahlzeiten verteilen.

- Beste Öle, Ölfrüchte, Mandeln, Nüsse und Samen komplettieren das Quartett.

ENERGIE UND NÄHRSTOFFE

Lebensmittel stecken voller Nährstoffe. Ihr Potenzial als Lieferanten energieliefernder, essenzieller und funktioneller Nahrungsbestandteile ist verschieden.

- **Energie** liefern Proteine, Fette, Kohlenhydrate und Alkohol.
- Zu den **40 essenziellen Nährstoffen**, ohne die wir nicht auskommen, zählen Wasser, essenzielle Aminosäuren zum Aufbau von Proteinstrukturen, essenzielle, mehrfach ungesättigte Fettsäuren, Mineralstoffe und Spurenelemente sowie Vitamine.
- **Bioaktive Substanzen** mit positiven Stoffwechselwirkungen sind Ballaststoffe und pflanzeneigene Farb- und Aromastoffe.

Abhängig vom Nährstoffprofil werden Lebensmittel in Gruppen eingeteilt. Die Nährstoffzufuhr ist umso besser, je häufiger es gelingt, Quartett-Mahlzeiten aus vollwertigen Lebensmitteln zusammenzustellen: saisonale Gemüse oder Früchte kombiniert mit Stärkelieferanten, Proteinlieferanten und pflanzlichen Fettquellen.

EXTRAS

Süßigkeiten, Desserts, Snacks, Softdrinks, alkoholische Getränke und tierische Fette enthalten je nach Sorte nur wenig oder gar keine unentbehrlichen Nährstoffe. Sie werden daher auch als leere oder hohle Kalorienträger bezeichnet. In Maßen genossen richten sie keinen Schaden an, solange die optimale Versorgung des Körpers mit Makro- und Mikronährstoffen durch eine gute Lebensmittelauswahl gesichert ist. Für Extras gilt der Spruch: »Die Menge macht das Gift.«

GEMÜSE UND FRÜCHTE

Mit einer Tagesmenge von 450 g bis 600 g soll die **Gemüsegruppe** mindestens zweimal täglich Basis der Mahlzeiten sein. Dazu zählen Blattgemüse, Salate, Rohkostgemüse, Gemüse für warme Zubereitungen und Kräuter. Sie alle haben eine niedrige Energiedichte, liefern also wenig Energie, stellen jedoch ein Füllhorn an unentbehrlichen Vitaminen und Mineralstoffen dar (außer Vitamin D, Vitamin B_{12} und Jod). Reichlich Ballaststoffe, Farb- und Aromastoffe sowie bioaktive Substanzen kommen noch hinzu. Auch **Früchte** sind gute Quellen für Ballaststoffe und bioaktive Substanzen. Verglichen mit der Gemüsegruppe enthalten die meisten Sorten allerdings deutlich mehr Zucker bei meist viel weniger essenziellen Nährstoffen. Die Tagesmenge an Früchten sollte daher auf maximal 250 g begrenzt werden.

STÄRKELIEFERANTEN

Stärkelieferanten sind **Getreide, Kartoffeln** und **stärkereiche Knollen** wie Süßkartoffeln oder Pastinaken. Die Tagesmenge ist flexibel anzupassen. Wer körperlich arbeitet oder ambitioniert Sport treibt, braucht

mehr Kohlenhydrate im Vergleich zu Menschen, die weniger aktiv sind.
Wer hauptsächlich Vollkornprodukte, idealerweise Hafer und Haferprodukte in seinen Speiseplan einbaut, tut seinem Körper viel Gutes. Da die positiven Effekte von Hafer auf unsere Gesundheit von einer ausreichenden Hafermenge abhängen, wäre Low Carb an dieser Stelle kontraproduktiv.

PROTEINLIEFERANTEN

Hier haben wir es mit einer inhomogenen Gruppe tierischer und pflanzlicher Lebensmittel zu tun, die unterschiedliche Mengen an Proteinen und essenziellen Aminosäuren liefern. Zusätzlich sind die Proteinlieferanten wichtige Quellen unentbehrlicher Vitamine und Mineralstoffe. Zu dieser Gruppe gehören Milch und Milcherzeugnisse, Käse, Fisch, Geflügel, Fleisch, Eier und Hülsenfrüchte. Auch die Nüsse und Samen der **Fettgruppe** haben reichlich Proteine.
Empfehlenswert ist, je die Hälfte der benötigten Proteine aus pflanzlichen und tierischen Quellen aufzunehmen, um Mangel wie Überversorgung zu vermeiden.
Die Proteinmengen der Lebensmittel dieser Gruppe sind verschieden:

- **Käse, Fisch, Fleisch:** ca. 20 g/100 g
- **Quark:** ca. 10 g/100 g
- **Milch, Milcherzeugnisse, Sauermilchprodukte:** ca. 3,5 g/100 g
- **Eier:** 6,7 g/Stück
- **Hülsenfrüchte:** nach Sorte 20–30 g/100 g
- **Nüsse:** nach Sorte ‹ 10 g bis › 20 g/100 g

Erwachsene brauchen je kg Normalgewicht täglich 0,8 g bis 1,2 g Protein.

PFLANZLICHE FETTQUELLEN

Öle, Nüsse und Samen bilden diese Gruppe. Sie alle sind gute Quellen für einfach ungesättigte Fettsäuren, essenzielle mehrfach ungesättigte Fettsäuren und Vitamin E. Die Nüsse und Samen liefern zusätzlich B-Vitamine (außer Vitamin B_{12}) und Mineralstoffe. Die Energiedichte der Fettlieferanten ist hoch. Wegen des hohen Gesundheitseffekts dieser Gruppe müssen wir dennoch in diese Kalorien investieren. Planen Sie – abhängig vom individuellen Energiebedarf – über den Tag verteilt drei bis sechs Esslöffel hochwertige Pflanzenöle ein (nativ und kalt gepresst). Je Esslöffel Öl können Sie auch etwa 15 g Nüsse oder Samen genießen.

DIE HAFERKUR

Die Idee der altbewährten zwei- bis dreitägigen Haferkur geht zurück auf die Entdeckung des deutschen Internisten Dr. Carl von Noorden aus den Anfängen des 20. Jahrhunderts. Mit seiner »Haferdiätkur« lässt sich die Insulinresistenz durchbrechen. Die Haferkur kann dadurch einen sinnvollen Part im Behandlungskonzept von metabolischen Erkrankungen übernehmen.

STRENGE UND GEMÄSSIGTE HAFERTAGE

Der heilende Effekt strenger Hafertage ist in der Verbesserung der Insulinsensitivität der Zellen begründet. Der Teufelskreis aus übermäßiger Insulinausschüttung und Zunahme von viszeralem Fettgewebe wird durchbrochen.

Das Wichtigste vorab: Wenn Sie Vorerkrankungen haben, Medikamente einnehmen und/oder Insulin spritzen, dürfen Sie die Haferkur nur in Absprache mit Ihren behandelnden Ärztinnen und Ärzten durchführen.

STRENGE HAFERKUR

Bei der strengen »Haferdiätkur« nach Carl von Noorden werden an zwei bis drei (maximal vier) aufeinanderfolgenden Hafertagen dreimal täglich 75 g Hafer(-flocken) gegessen. Kräuter und Gewürze sind erlaubt.
Mit der Tagesmenge von 225 g Haferflocken werden rund 9 g Getreide-Beta-Glucane aufgenommen, die als sehr effektives Phytotherapeutikum wirken. Sie steigern die Sättigung und verzögern den Nährstoff-Abbau im Dünndarm. Dies führt zu deutlichen Stoffwechseleffekten in kurzer Zeit:

- Der Blutzucker wird gesenkt.
- Eine bestehende Insulinresistenz wird vermindert und körpereigenes wie auch gespritztes Insulin wirken besser – dieser Effekt hält über vier Wochen an.
- Die Konzentration von Adiponectin steigt. Das in den Fettzellen gebildete Hormon erhöht die Insulinsensitivität der Zellen.
- Viszerales Fettgewebe und Leberfett bei Bestehen einer nichtalkoholischen Fettleber (NAFLD; s. S. 36) werden reduziert.
- Cholesterinspiegel und Blutdruck sinken.

Menschen mit metabolischen Erkrankungen profitieren daher enorm von der Haferkur. Aber auch Stoffwechselgesunde entlasten ihren Organismus und können die Hafertage als spezielle »Fastenkur« nutzen.

STRENGE HAFERKUR – DIE FACTS

Bei der strengen Haferkur nehmen Sie täglich unter 800 kcal auf. Hinsichtlich der Nährstoffe setzen sich die Mahlzeiten aus 125 g Kohlenhydraten und 22 g Ballaststoffen zusammen, von Letzteren entfallen rund 9 g auf Getreide-Beta-Glucane. Hinzu kommen 16 g Fette, davon 3,3 g gesättigte Fettsäuren, und 24 g Proteine.
Wer die Haferkur gern mit dem intermittierenden Fasten kombinieren möchte, kann die Gesamtmenge von 225 g Haferflocken auch auf zwei Mahlzeiten täglich verteilen.

Porridge für die strenge Haferkur

Am einfachsten lassen sich die für die gewünschten Stoffwechseleffekte erforderlichen Hafermengen erreichen, indem Sie sich dreimal über den Tag verteilt ein leckeres Porridge zubereiten (s. Tabelle unten). Hierzu 75 g Haferflocken in einem Topf ohne Fett bei mittlerer Hitze rösten, bis sie anfangen zu duften. Durch die Röstaromen schmeckt das Porridge besonders fein. Anschließend 500 ml heißes Wasser oder fettfreie Gemüsebrühe und 1 Prise Salz zugeben. Das Porridge dann unter Rühren mit einem Spurtle (s. S. 12) oder dem Stil eines Holzkochlöffels ausquellen lassen. Vor dem Servieren können Sie das Porridge nach Belieben mit reichlich Kräutern und Gewürzen verfeinern. Curry und Pfeffer verleihen dem Haferbrei feine Würze, Ras el Hanout oder Safran eine orientalische Note.

Das ist noch wichtig

- Täglich mindestens 2 l kalziumreiches Mineralwasser trinken.
- Bitte keine weiteren Fett- oder Proteinquellen verwenden!
- Zur Abwechslung darf das Porridge auch »süß« schmecken. Dafür nach Geschmack mit Tonkabohne, Vanille oder Zimt würzen und keinen Zucker verwenden.

MAHLZEITENINTERVALLE BEI DER STRENGEN HAFERKUR

09.00 Uhr	Ess-Pause von 4,5 Stunden	13.30 Uhr	Ess-Pause von 4,5 Stunden	18.00 Uhr	Ess-Pause von 15 Stunden
Porridge Tee, Kaffee, Wasser	kalziumreiches Mineralwasser	Porridge Tee, Kaffee, Wasser	kalziumreiches Mineralwasser	Porridge Tee, Kaffee, Wasser	kalziumreiches Mineralwasser

GEMÄSSIGTE HAFERKUR

Die klassische Haferkur nach Carl von Noorden ist sehr effektiv in ihren Stoffwechselwirkungen, doch zugegebenermaßen auch sehr puristisch. Für alle Leser, die sich noch nicht zu den strengen Hafertagen aufraffen können, haben wir auf den nachfolgenden Seiten (s. S. 52–57) Rezepte für vergleichbar stoffwechselwirksame Hafertage in einer gemäßigten Form zusammengestellt. Auch die Durchführung der gemäßigten Haferkur müssen Sie bei Vorerkrankungen, Medikamenteneinnahme und Insulineinsatz mit Ihren Ärztinnen und Ärzten abstimmen.

So geht's

Bei der gemäßigten Haferkur werden auch drei Hafermahlzeiten pro Tag gegessen, mit Mengen von je 60–80 g Haferflocken. Für die herzhafte Variante dürfen sehr gerne 50 g kohlenhydratarme Gemüse oder Pilze hinzukommen – auf kohlenhydratreichere Sorten wie Bohnen, Erbsen, Steckrübe, Kürbis, Möhre, gelbe und rote Paprika, Petersilienwurzel, Perlzwiebeln, Rote Bete, Shiitake oder Zuckermais bitte verzichten! Falls Sie nur zweimal pro Tag essen möchten, wählen Sie 90–120 g Hafer je Mahlzeit.

Das ist noch wichtig

- Täglich mindestens 2 l kalziumreiches Mineralwasser trinken.
- Bitte keine weiteren Fett- oder Proteinquellen verwenden!
- Einmal täglich darf es auch ein süßes Porridge geben. Dafür nach Geschmack mit Tonkabohne, Vanille oder Zimt würzen und mit 50 g Beerenfrüchten toppen.
- 1 EL Mandelblättchen oder Sesam pro Tag sind erlaubt – ohne Fett geröstet wird das feine Aroma noch verstärkt.
- Bitte während der gemäßigten Hafertage auf Gemüse mit höherem Kohlenhydratanteil verzichten.

NACH DER HAFERKUR

Durch die Haferkur haben Sie an zwei bis drei (maximal vier) Tagen weniger als 1 000 kcal aufgenommen, Ihren Stoffwechsel gut entlastet und Ihre Darmbakte-

GEMÄSSIGTE HAFERKUR – DIE FACTS

Bei der gemäßigten Haferkur nehmen Sie täglich eine Energiemenge von weniger als 1000 kcal auf.
Hinsichtlich der Nährstoffe setzen sich die Mahlzeiten – je nach Hafermenge – aus maximal 140 g Kohlenhydraten und 32 g Ballaststoffen zusammen, von Letzteren entfallen rund 10 g auf Getreide-Beta-Glucane. Hinzu kommen 23 g Fette, davon 4 g gesättigte Fettsäuren, und 32 g Proteine.

rien mit bestem Futter versorgt. Versuchen Sie jetzt, den Gesundheitseffekt über die Kur hinaus zu verlängern. Gönnen Sie Ihrem Stoffwechsel dafür auch nach der Haferkur täglich mindestens 3 g Getreide-Beta-Glucane – für eine gute Wirksamkeit mit mindestens 1 g Beta-Glucan pro Mahlzeit.

So geht's

Um sich mit der wirksamen Menge von 3 g Getreide-Beta-Glucanen zu versorgen, brauchen Sie Tagesmengen von

- 75 g Haferflocken oder
- 40 g Haferkleie/Haferkleieflocken oder
- eine Kombination aus 40 g Haferflocken und 20 g Haferkleie/Haferkleieflocken.

Sie entscheiden, ob Sie die Beta-Glucane in einer Mahlzeit oder lieber auf zwei oder drei Mahlzeiten verteilt zuführen möchten. Die Angaben zum Beta-Glucan-Gehalt bei den Rezepten hilft Ihnen bei der Entscheidung.

Am besten im Mahlzeitenquartett

Auch wenn Hafer ein echtes Powerfood ist – für die optimale Dauerernährung mit ausreichenden Mengen an Proteinen, Mikronährstoffen, essenziellen Fettsäuren und bioaktiven Substanzen braucht es Haferbegleiter. Während der Haferkur haben Sie nur sehr kleine Gemüsemengen ergänzt und zusätzlich auf Gemüsesorten verzichtet, die etwas höhere Kohlenhydratmengen enthalten. Auch fehlten Proteinlieferanten und gute Fette. Nach der Haferkur sollen nun all diese Lebensmittel wieder einen festen Platz in Ihrer Ernährung einnehmen. Orientieren Sie sich deshalb im Anschluss für die Zusammenstellung Ihrer Mahlzeiten am Quartettsystem (s. S. 43)

Hafertage einbauen

Der Effekt der Hafertage auf die Senkung des Blutzuckers hält bis zu vier Wochen an. In Absprache mit Ihren Ärztinnen und Ärzten können Sie Hafertage als Zwei- oder Drei-Tage-Kur alle vier bis acht Wochen wiederholen oder einen bis zwei Hafertage pro Woche als Entlastungstage einbauen.

HAFER-PORRIDGE MIT HEIDELBEEREN

1 Stück Ingwer (ca. 1 cm) | ¼ TL gemahlene Kurkuma | ½ TL Zimtpulver | 50 g zarte Haferflocken | 25 g kernige Haferflocken | 50 g Heidelbeeren

Für 1 Person | 15 Min. Zubereitung

1 Den Ingwer schälen, fein würfeln und in einem Topf mit gemahlener Kurkuma, ¼ TL Zimt und 400 ml Wasser aufkochen. Beide Haferflocken-Sorten in das kochende Wasser einstreuen und unter Rühren bei mittlerer Hitze ca. 2 Min. köcheln, dann bei kleiner Hitze zugedeckt ca. 10 Min. quellen lassen, bis ein cremiger Brei entstanden ist.

2 Inzwischen die Heidelbeeren verlesen, in einem Sieb kurz abbrausen und abtropfen lassen. Den Haferbrei in eine Müslischale füllen und die Beeren darauf verteilen.

3 Das Porridge mit dem übrigen Zimtpulver bestäuben und sofort servieren.

TIPP

Heidelbeeren aus dem Supermarkt stammen meist aus Kulturanbau. Alternativ können Sie zu tiefgekühlten Wild-Heidelbeeren aus dem Bioladen greifen und diese über Nacht im Kühlschrank auftauen lassen. Es lohnt sich! Denn die wilden Beeren punkten mit mehr entzündungshemmenden Anthocyanen als die großen Zuchtbeeren.

Nährwert pro Portion:

295 kcal	48 g KH
10 g E	3,0 g Beta-Glucan
5 g F	

VANILLE-OVERNIGHT-OATS

40 g kernige Haferflocken | 20 g Haferkleieflocken | ½ TL gemahlene Vanille | 1 Spritzer Zitronensaft | 50 g Erdbeeren | 1 TL Mandelblättchen | 3 Minzeblätter

Für 1 Person | 10 Min. Zubereitung | 8 Std. Quellen

1 Die Haferflocken und Haferkleieflocken zusammen mit Vanille, Zitronensaft und 300 ml Wasser in eine Müslischale geben, verrühren und ca. 8 Std. zugedeckt (über Nacht) im Kühlschrank quellen lassen.

2 Am nächsten Morgen die Erdbeeren waschen, vom Blütenansatz befreien und in dünne Scheiben schneiden.

3 Die Mandelblättchen nach Belieben in einer Pfanne ohne Fett rösten, bis sie beginnen zu duften. Die Oats noch einmal durchrühren, die Erdbeerscheiben und die Mandelblättchen darauf verteilen und mit den Minzeblättern garniert servieren.

TIPP

Zum Mitnehmen die Overnight-Oats in einem Glas mit Schraubverschluss über Nacht quellen lassen. Erdbeeren, Mandeln und Minze für den Transport in einer kleinen Frischhaltedose separat verpacken.

Nährwert pro Portion:

265 kcal | 35 g KH
11 g E | 3,2 g Beta-Glucan
7 g F

HAFER-CHAI-BREI MIT KOHLRABI

2 TL Chai-Tee (ohne Schwarztee; zum Beispiel Ingwer, Nelken, Kardamom, schwarzer Pfeffer, Zimtpulver) | 40 g zarte Haferflocken | 35 g kernige Haferflocken | 60 g Kohlrabi und 3 zarte Kohlrabiblätter | 4 Stängel Petersilie | 2 TL Zitronensaft | 1/4 TL abgeriebene Schale von 1 Bio-Zitrone
Für 1 Person | 15 Min. Zubereitung

1 Tee in einen Filter geben, mit 400 ml kochendem Wasser übergießen und ca. 3 Min. ziehen lassen, Filter entfernen.

2 Chai-Tee in einem Topf aufkochen, zarte und kernige Haferflocken einstreuen und unter Rühren bei mittlerer Hitze ca. 2 Min. köcheln, dann zugedeckt bei kleiner Hitze ca. 10 Min. quellen lassen.

3 Inzwischen den Kohlrabi schälen und grob raspeln. Kohlrabiblätter und Petersilie waschen und trocken schütteln. Kohlrabigrün in feine Streifen schneiden, Petersilienblätter abzupfen und fein hacken.

4 Den Haferbrei vom Herd ziehen, Kohlrabi und Petersilie untermischen, mit Zitronensaft und -schale würzen. In eine Schale oder einen tiefen Teller umfüllen und mit dem Kohlrabigrün garniert servieren.

Nährwert pro Portion:

- 295 kcal
- 12 g E
- 5 g F
- 46 g KH
- 3,0 g Beta-Glucan

HAFERKLEIE-PORRIDGE ALL'ITALIANA

1 kleine Knoblauchzehe | ½ TL getrocknete ital. Kräuter | 250 ml Gemüsebrühe | 40 g Haferkleieflocken | 2 TL ungeschälter Sesam | 50 g Kirschtomaten | 2 Stängel Basilikum | Pfeffer
Für 1 Person | 15 Min. Zubereitung

1 Die Knoblauchzehe schälen, fein würfeln und zusammen mit den Kräutern und der Brühe in einem Topf zum Kochen bringen. Die Haferkleieflocken einrühren und 1–2 Min. bei kleiner Hitze quellen lassen.

2 Den Sesam in einer Pfanne ohne Fett bei mittlerer Hitze goldbraun rösten, dann abkühlen lassen. Die Tomaten waschen und vierteln. Basilikum abbrausen, die Blätter abzupfen und bis auf ein paar Blätter zum Garnieren in feine Streifen schneiden.

3 Das Haferkleie-Porridge vom Herd nehmen, mit Pfeffer würzen und die Basilikumstreifen unterheben. Den Brei in eine Schale geben. Tomaten darauf verteilen, mit dem Sesam bestreuen und mit Basilikumblättern garniert servieren.

TIPP

Den Haferbrei können Sie warm genießen oder abkühlen lassen und dann verzehren.

Nährwert pro Portion:

230 kcal	23 g KH
11 g E	3,0 g Beta-Glucan
9 g F	

HERZHAFTES HAFER-MÜSLI MIT ROHKOST

75 g kernige Haferflocken | 1 EL Apfelessig | 30 g Mini-Salatgurke | 2 Radieschen | 3 Stängel Petersilie | 3 Stängel Dill | 6 Stängel Schnittlauch | 1 EL Zitronensaft | Pfeffer
Für 1 Person | 15 Min. Zubereitung

1 Die kernigen Haferflocken in einer Müslischale mit dem Essig sowie 250 ml kochendem Wasser übergießen und abgedeckt ca. 10 Min. quellen lassen.

2 Inzwischen die Gurke waschen, putzen und klein würfeln. Radieschen waschen, putzen und in dünne Scheibchen oder feine Stifte schneiden. Kräuter abbrausen, trocken schütteln, Blätter abzupfen und hacken, Schnittlauch in feine Röllchen schneiden. Die Kräuter bis auf 1 EL unter die eingeweichten Haferflocken heben.

3 Gurkenwürfel und Radieschen mit dem Zitronensaft vermischen und mit Pfeffer würzen. Die Rohkost auf den eingeweichten Haferflocken verteilen und mit den übrigen gehackten Kräutern bestreut servieren.

TIPP

Für noch mehr Würze: Die Haferflocken statt mit Wasser mit kochender Gemüsebrühe übergießen und quellen lassen.

Nährwert pro Portion:

290 kcal	44 g KH
11 g E	3,0 g Beta-Glucan
5 g F	

HAFERSPEISE MIT LAUCH UND BROKKOLI

30 g Lauch | 30 g Brokkoliröschen | 400 ml Gemüsebrühe | ½ TL Currypulver | 75 g kernige Haferflocken | 3 Stängel Koriandergrün | ¼ TL gemahlener Koriander | Pfeffer

Für 1 Person | 15 Min. Zubereitung

1 Den Lauch gründlich waschen, putzen, längs halbieren und in feine Halbringe schneiden. Brokkoli waschen, putzen und in möglichst kleine Röschen teilen.

2 Die Brühe mit dem Currypulver in einem Topf zum Kochen bringen. Haferflocken, Lauch und Brokkoli dazugeben und unter Rühren offen ca. 2 Min. bei mittlerer Hitze köcheln lassen. Dann die Hafer-Mischung bei geschlossenem Deckel und kleiner Hitze ca. 10 Min. ausquellen lassen.

3 In der Zwischenzeit das Koriandergrün abbrausen, trocken schütteln, die Blätter abzupfen. Die Haferspeise mit gemahlenem Koriander und Pfeffer abschmecken und mit dem Koriandergrün bestreut servieren.

TIPP

Wer es knackig mag, kann das Gemüse auch erst unter die ausreichend gequollenen Haferflocken mischen. Alles gut umrühren und zugedeckt ca. 2 Min. ziehen lassen.

Nährwert pro Portion:

325 kcal	48 g KH
13 g E	3,0 g Beta-Glucan
7 g F	

HAFER ZUM GENIESSEN

Auf den folgenden Seiten finden Sie Rezepte, mit denen Sie die gesundheitsfördernden Effekte des Hafers voll ausschöpfen und sich gleichzeitig satt und gesund schlemmen können. Ob Frühstück, kalte und warme Mahlzeiten oder Stulle fürs Büro – Hafer ist immer mit dabei und begleitet Sie zuverlässig durch den Alltag, zeigt sich aber genauso von seiner gästefeinen Seite. Probieren Sie es aus und lassen Sie sich verführen!

FRISCHKORN-ORANGEN-MÜSLI

mit Dickmilch

100 g Haferkörner
20 g getrocknete Cranberrys
50 g Buchweizengrütze
2 TL geschrot. Leinsamen
300 g Dickmilch (3,5 % Fett)
2 Orangen
20 g Walnusskerne
2 TL Ahornsirup

Für 2 Personen
20 Min. Zubereitung
8 Std. Quellen (über Nacht)

Nährwert pro Portion:

- 410 kcal
- 12 g E
- 15 g F
- 51 g KH
- 2,0 g Beta-Glucan

1 Am Vorabend den Hafer in der Getreidemühle oder im Blitzhacker grob mahlen oder schroten; alternativ im Bio-Laden oder Reformhaus schroten lassen. Cranberrys grob hacken. Haferschrot, Buchweizengrütze, Leinsamen und Cranberrys mit der Dickmilch in einer Schüssel verrühren und über Nacht abgedeckt im Kühlschrank quellen lassen.

2 Am nächsten Tag die Orangen bis ins Fruchtfleisch hinein schälen, sodass die weiße Haut vollständig entfernt wird. Die Orangenfilets mit einem scharfen Messer zwischen den Trennhäuten herausschneiden, den abtropfenden Saft dabei auffangen und die Fruchtreste auspressen. Den Orangensaft unter die eingeweichte Getreidemischung rühren.

3 Die Walnüsse hacken und in einer beschichteten Pfanne ohne Fett bei mittlerer Hitze anrösten, bis sie duften. Den Frischkornbrei auf zwei Schalen oder tiefe Teller verteilen. Mit den Orangenfilets belegen, mit dem Ahornsirup beträufeln und mit den gerösteten Walnüssen bestreut servieren.

TIPP

Statt in Dickmilch können Sie das geschrotete Getreide auch in anderen Sauermilchprodukten wie Joghurt, Kefir, Butter- oder Schwedenmilch einweichen. Die darin enthaltene Milchsäure verhindert die Vermehrung von Bakterien. Getreide nie in Milch oder Fruchtsaft quellen lassen, sonst fängt es an zu gären und kann Blähungen verursachen.

REICH AN
B-VITA-
MINEN

FRUCHT-QUARK

mit Kakao-Flocken-Crunch

Je 10 g Haselnuss-, Walnuss- und Cashewkerne
2 TL Ahornsirup
1 EL Rapsöl
40 g kernige Haferflocken
40 g zarte Haferflocken
1 TL Kakaopulver (schwach entölt)
2 TL Kakao-Nibs
2 blaue Feigen
80 g grüne Weintrauben
1 Birne (z. B. Williams Christ)
1 EL Zitronensaft
300 g Magerquark
100 ml Milch (1,5 % Fett)

Für 2 Personen
30 Min. Zubereitung

Nährwert pro Portion:

590 kcal
32 g E
22 g F
59 g KH
1,6 g Beta-Glucan

1 Den Backofen auf 180° vorheizen. Ein Backblech mit Backpapier auslegen. Die Nüsse grob hacken und in einer Schüssel mit dem Ahornsirup, Öl, mit beiden Haferflockensorten, Kakao und Kakao-Nibs gut vermengen. Dann alles auf dem Blech verteilen und im vorgeheizten Ofen (Mitte) 10–12 Min. backen, dabei ein- bis zweimal durchrühren. Anschließend das Granola abkühlen lassen.

2 In der Zwischenzeit die Feigen waschen, je nach Größe vierteln oder achteln. Die Trauben waschen, von den Stielen zupfen und halbieren. Die Birne waschen, vierteln, entkernen und in kleine Stücke schneiden, sofort mit dem Zitronensaft beträufeln. Das Obst vorsichtig mischen.

3 Den Quark mit der Milch in einer Schüssel cremig verrühren und auf flache Schalen verteilen. Den Obstsalat daraufgeben und mit dem Flocken-Crunch bestreut servieren.

TIPP

Vom Crunch-Mix am besten gleich eine größere Menge am Vortag zubereiten und gut abgekühlt in ein Schraubglas oder eine dicht schließende Dose füllen. Gut verschlossen und trocken gelagert hält er sich ein bis zwei Wochen.

TIPP

Das selbst gemachte Granola ist eine zuckerarme und viel gesündere Alternative zu jedem fertigen Crunch-Müsli aus dem Supermarkt. Denn man weiß genau, was drin steckt.

KNUSPRIGER
KICK-START

KLASSIKER
EXOTISCH
VARIIERT

BIRCHER-MÜSLI

mit Papaya und Erdbeeren

10 g Rosinen
100 g zarte Haferflocken
250 ml Milch (3,5 % Fett)
1 kleiner säuerlicher Apfel (z. B. Elstar)
2 EL Zitronensaft
20 g Mandeln
1/4 TL Zimtpulver
150 g Joghurt (3,5 % Fett)
250 g Papaya
100 g Erdbeeren

Für 2 Personen
20 Min. Zubereitung
30 Min. Quellen

Nährwert pro Portion:

- 490 kcal
- 17 g E
- 16 g F
- 61 g KH
- 2,0 g Beta-Glucan

1 Rosinen hacken. Mit den Haferflocken und 150 ml Milch in einer Schüssel verrühren und ca. 30 Min. quellen lassen.

2 In der Zwischenzeit den Apfel waschen, vierteln und entkernen. Die Apfelviertel grob raspeln, dabei die Raspel direkt in den Zitronensaft reiben. Die Mandeln grob hacken. Apfelraspel, Mandeln, Zimt und Joghurt unter die Haferflocken-Rosinen-Mischung rühren.

3 Die Papaya entkernen, schälen und klein würfeln. Die Erdbeeren waschen, putzen und je nach Größe halbieren oder vierteln. Das Müsli auf Schalen verteilen und mit der übrigen Milch übergießen. Mit Papayawürfeln und Erdbeeren bestreuen und nach Wunsch mit Zimt bestäuben.

TIPP

Nur 30 Min. Einweichen verändert die Konsistenz von Haferflocken – es entsteht ein gut verträglicher Getreidebrei. Gleichzeitig wird der Phytin-Gehalt dadurch verringert. Das ermöglicht eine bessere Aufnahme wichtiger Mineralien wie Eisen, Kalzium, Magnesium und Zink, die sonst durch diese im Hafer enthaltene Säure im Darm gebunden und somit von unserem Körper nicht aufgenommen werden können.

VANILLE-PORRIDGE

mit Blitz-Beerengrütze

250 g gemischte Beeren (z. B. Heidelbeeren, Himbeeren, Johannisbeeren; frisch oder tiefgekühlt)
2 TL Himbeerkonfitüre
2 EL Mandelblättchen
10 g getrocknete Sauerkirschen
80 g zarte Haferflocken
20 g Haferkleieflocken
½ TL gemahlene Vanille
300 ml Milch (1,5 % Fett)
1 kleine Banane
150 g Joghurt (3,5 % Fett)

Für 2 Personen
20 Min. Zubereitung

Nährwert pro Portion:

- 490 kcal
- 19 g E
- 15 g F
- 62 g KH
- 2,4 g Beta-Glucan

1 Die Beeren verlesen, kurz abbrausen und abtropfen lassen. Tiefgekühlte Beeren antauen lassen. 50 g Beeren beiseitelegen. Die Konfitüre mit 2 EL Wasser in einem kleinen Topf verrühren und erwärmen. Sobald sie flüssig ist, die Beeren untermischen und ca. 3 Min. bei kleiner bis mittlerer Hitze unter gelegentlichem Rühren dünsten. Danach die Blitz-Grütze vom Herd nehmen und abkühlen lassen.

2 Die Mandelblättchen in einer Pfanne ohne Fett bei mittlerer Hitze goldbraun rösten. Dann vom Herd nehmen, auf einem Teller ausstreuen und abkühlen lassen.

3 Die Sauerkirschen fein hacken. Haferflocken und -kleie, Kirschen, Vanille und Milch in einen Topf geben und bei mittlerer Hitze aufkochen. Etwa 3 Min. bei kleiner bis mittlerer Hitze köcheln lassen, dabei immer wieder umrühren.

4 Die Banane schälen und schräg in Scheiben schneiden. Das Porridge auf zwei Schalen verteilen. Joghurt und Grütze daraufgeben, mit Bananenscheiben und übrigen Beeren garnieren und mit gerösteten Mandeln bestreut servieren.

TIPP

Haferflocken und Haferkleie sind die Basis für das Porridge. Diese sorgen für jede Menge gesunde Energie. Die darin enthaltenen Kohlenhydrate machen lange satt und helfen dabei, den Blutzuckerspiegel durch sogenannte Beta-Glucane (lösliche Ballaststoffe) stabil zu halten. So haben Heißhungerattacken am späten Vormittag keine Chance.

SOMMER-
LICHE
POWER-
VARIANTE

MANGO-OVERNIGHT-OATS

mit Skyr und Minze

80 g zarte Haferflocken
20 g Haferkleieflocken
250 g Kokosdrink (ungesüßt)
1 kleine reife Mango (ca. 400 g)
300 g Skyr (max. 0,5 % Fett)
2 TL Limettensaft
2 TL Agavensirup
2 EL Kokos-Chips
einige Minzeblätter

Für 2 Personen
20 Min. Zubereitung
8 Std. Quellen (über Nacht)

Nährwert pro Portion:

380 kcal
25 g E
5 g F
54 g KH
2,4 g Beta-Glucan

1 Die Haferflocken und Haferkleieflocken in eine Schüssel geben und mit dem Kokosdrink gut verrühren. Die Mischung über Nacht abgedeckt im Kühlschrank quellen lassen.

2 Am nächsten Tag die Mango schälen und das Fruchtfleisch vom Stein schneiden. Ein Drittel davon in kleine Würfel schneiden und beiseitelegen, den Rest in einem hohen Rührgefäß mit dem Pürierstab fein pürieren.

3 Skyr mit Limettensaft und Agavensirup cremig rühren. Die Overnight-Oats auf Gläser verteilen, das Mangopüree daraufschichten. Den Skyr obendrauf geben und mit den abgenommenen Mangowürfeln belegen. Die Kokos-Chips obenauf streuen und alles mit der Minze garniert servieren.

TIPP

Über Nacht eingeweichte Haferflocken sind magenschonend, gut verträglich und auch für Babys optimal geeignet. Warum ist das so? Die darin enthaltenen unverdaulichen Ballaststoffe bilden auf der Magen- und Darmschleimhaut eine Schutzschicht, sodass saurer Magensaft von der Schleimhaut ferngehalten wird. Wer regelmäßig Haferflocken verzehrt, kann Magen-Darm-Beschwerden vorbeugen.

TROPISCHER
ENERGIE-
BOOSTER

LÖFFEL-
GENUSS
MIT VIELEN
VITAMINEN

PINK OVERNIGHT-OATS-BOWL

mit Schwedenmilch

30 g Walnusskerne
2 TL Kokosöl
30 g kernige Haferflocken
1 EL geschrot. Leinsamen
2 TL Ahornsirup
150 g TK-Beerenmischung
½ Banane
300 g Schwedenmilch (3,8 % Fett)
1 TL Zitronensaft
¼ TL gemahlene Vanille
70 g zarte Haferflocken
100 g gemischte Beeren (z. B. Himbeeren, Heidelbeeren, Brombeeren)

Für 2 Personen
30 Min. Zubereitung
8 Std. Quellen (über Nacht)

Nährwert pro Portion:

550 kcal
17 g E
28 g F
52 g KH
2,0 g Beta-Glucan

1 Die Walnüsse grob hacken. Das Kokosöl in einer kleinen Pfanne erhitzen, kernige Flocken, gehackte Walnüsse und Leinsamen darin bei mittlerer Hitze in ca. 5 Min. goldbraun rösten. Sirup zugeben, alles mischen und unter Rühren kurz weiterrösten. Mischung auf einem Teller abkühlen lassen.

2 TK-Beeren antauen lassen. Die Banane schälen, grob schneiden. Das Obst mit der Schwedenmilch, 100 ml Wasser, Zitronensaft und Vanille im Mixer oder in einem hohen Rührgefäß mit dem Pürierstab fein zerkleinern. Zarte Haferflocken unterrühren. Den Smoothie in eine Schüssel füllen und abgedeckt über Nacht im Kühlschrank quellen lassen.

3 Am nächsten Tag die frischen Beeren verlesen, in einem Sieb kurz abbrausen und abtropfen lassen. Den Overnight-Oats-Smoothie in zwei Schalen (Bowls) füllen. Frische Beeren und Nuss-Flocken obenauf geben und servieren.

TIPP

Smooth und mit leichtem Biss: Zarte Haferflocken sind die perfekte Basis für Overnight-Oats. Sie entstehen, wenn das gewalzte Korn zusätzlich noch geschnitten wird. Somit quellen sie leichter auf als kernige Flocken und werden in Verbindung mit Flüssigkeit wunderbar cremig. Durch das Einweichen der Flocken über Nacht und das Pürieren der Früchte ist die Bowl auch für Menschen gut verträglich, die sonst auf ballaststoffreiche Rohkost sensibel reagieren. P. S.: Schmeckt auch Kindern ausgezeichnet!

AVOCADO-HAFER-SMOOTHIE

50 g junger Blattspinat | ½ Stange Staudensellerie | ½ reife Avocado | ½ kleiner Apfel (z. B. Gala) | 1 EL Zitronensaft | 2 TL Mandelmus | 500 g Trinkmolke | 50 g Haferkleieflocken | 1 EL flüssiger Honig | 2 TL kernige Haferflocken

Für 2 Personen | 20 Min. Zubereitung

1 Den Spinat verlesen, waschen und gut abtropfen lassen, einige Blätter beiseitelegen. Staudensellerie putzen, waschen und klein schneiden. Avocado entkernen und das Fruchtfleisch mit einem Löffel aus der Schale heben. Apfel waschen, entkernen und in grobe Stücke schneiden.

2 Spinat, Sellerie, Avocado und Apfel mit Zitronensaft, Mandelmus und Trinkmolke in einen hohen Rührbecher oder Mixbehälter geben. Sämtliche Zutaten erst auf kleiner, dann auf höchster Stufe mit dem Pürierstab oder im Mixer fein pürieren.

3 Die Haferkleieflocken und den Honig hinzufügen und alles noch einmal kurz durchmixen. Falls der Drink zu dickflüssig ist, weitere 100 ml Wasser untermixen. Smoothie in zwei große Gläser (à 500 ml) gießen, mit je 1 TL Flocken und den beiseitegelegten Spinatblättern garnieren. Am besten sofort servieren und genießen.

Nährwert pro Portion:

350 kcal	42 g KH
10 g E	2,2 g Beta-Glucan
13 g F	

HIMBEER-HAFERFLOCKEN-DRINK

150 g frische Himbeeren | 2 Orangen | 80 g Hafer-Schmelzflocken | 200 g Buttermilch (max. 1 % Fett) | 1 EL flüssiger Honig | einige Minzeblätter
Für 2 Personen | 10 Min. Zubereitung

1 Die Himbeeren verlesen, kurz abbrausen und abtropfen lassen. Eine Orange schälen und in grobe Stücke schneiden. Die zweite Orange halbieren und den Saft auspressen.

2 Himbeeren, Orangenstücke und Orangensaft mit den Schmelzflocken, der Buttermilch und dem Honig in einen hohen Rührbecher oder Mixbehälter geben. Erst alles auf kleiner, dann auf höchster Stufe mit dem Pürierstab oder im Mixer fein pürieren.

3 Den Smoothie in zwei große Gläser (à 500 ml) gießen und mit 1–2 Minzeblättern und nach Belieben mit ½ Himbeere garnieren. Am besten sofort servieren.

TIPP

Schmelzflocken sind ideal für einen Drink, da sie aus Hafervollkornmehl hergestellt werden und beim Einrühren in Flüssigkeit eine homogene, breiige Konsistenz bilden.

Nährwert pro Portion:

320 kcal | 52 g KH
11 g E | 1,6 g Beta-Glucan
4 g F

HAFER-PANCAKES

mit Kiwi-Clementinen-Salat

100 g Vollkorn-Hafermehl (ersatzweise 100 g zarte Haferflocken)
½ Banane
150 ml Milch (3,5 % Fett)
1 TL Weinstein-Backpulver
1 Kiwi
2 kleine Clementinen
2 TL Ahornsirup
3 TL Kokosöl
3 EL Mineralwasser (mit Kohlensäure)
150 g Joghurt nach griech. Art (5 % Fett)

Für 2 Personen
30 Min. Zubereitung

Nährwert pro Portion:

- 460 kcal
- 12 g E
- 19 g F
- 57 g KH
- 2,0 g Beta-Glucan

1 Das Hafermehl in eine Schüssel geben. Alternativ die Haferflocken fein mahlen (s. Tipp). Banane schälen, grob in Stücke schneiden und mit einer Gabel fein zerdrücken. Bananenmus, Milch, Backpulver und Hafermehl zu einem glatten Teig verrühren und etwa 10 Min. quellen lassen.

2 In der Zwischenzeit die Kiwi schälen, quer halbieren und die Hälften in Scheiben schneiden. Clementinen schälen und in Spalten teilen. Kiwi- und Clementinenstücke in einer Schüssel vorsichtig mit dem Ahornsirup vermischen.

3 Ofen auf 80° vorheizen. In einer großen beschichteten Pfanne 2 TL Kokosöl erhitzen. Den Teig nochmals durchrühren und 2–3 EL Mineralwasser dazugeben – dadurch werden die Pfannküchlein fluffiger. Die Hälfte vom Teig in vier esslöffelgroßen Portionen in die Pfanne setzen und bei mittlerer Hitze von jeder Seite in ca. 3 Min. goldbraun backen. Fertige Pancakes auf einen Teller legen und im Ofen warmhalten. Den restlichen Teig in gleicher Weise verarbeiten, dabei noch 1 TL Kokosöl zum Braten dazugeben.

4 Die Pancakes mit dem Obstsalat auf Tellern anrichten und je einen Klecks Joghurt dazu servieren.

TIPP

Hafermehl können Sie ganz einfach aus zarten Haferflocken selbst herstellen: Die Flocken im Blitzhacker oder in einer Getreide- oder Kaffeemühle portionsweise zu feinem Mehl verarbeiten. Am besten direkt weiterverarbeiten oder einen kleinen Vorrat anlegen und diesen kühl und trocken lagern.

PFANNEN-
HIT GANZ
OHNE EI

GESUNDER
KUCHEN ZUM
FRÜHSTÜCK

MÖHREN-APFEL-OATMEAL

aus dem Backofen

10 g Walnusskerne
10 g Mandeln
100 g kernige Haferflocken
1 säuerlicher Apfel (z. B. Elstar)
1 Möhre
1 EL Zitronensaft
1 EL flüssiger Honig
¼ TL Zimtpulver
1 Ei (M)
200 ml Milch (3,5 % Fett)
200 g Skyr (max. 0,5 % Fett)
¼ TL gemahlene Vanille
1 EL Granatapfelkerne (aus dem Kühlregal)
Außerdem
Aufflaufform (ca. 15 × 20 cm)

Für 2 Personen
20 Min. Zubereitung
30 Min. Backen

Nährwert pro Portion:

- 520 kcal
- 27 g E
- 16 g F
- 61 g KH
- 2,0 g Beta-Glucan

1 Backofen auf 180° vorheizen. Walnüsse und Mandeln grob hacken, dann mit den Haferflocken in einer Schüssel vermischen. Apfel waschen, vierteln, entkernen und die Viertel klein würfeln. Möhre putzen, schälen und raspeln. Apfelstücke und Möhrenraspel mit dem Zitronensaft, Honig und Zimt vermischen, zur Haferflocken-Mischung geben.

2 Ei und Milch verquirlen, über die Flockenmischung geben und alles gut vermengen. Die Masse in die Form geben und im heißen Ofen (Mitte) in ca. 30 Min. goldbraun backen.

3 Skyr und Vanille cremig rühren. Baked Oats aus dem Ofen nehmen und kurz ruhen lassen. Dann mit der Hälfte vom Vanille-Skyr garnieren und mit Granatapfelkernen bestreut servieren. Den restlichen Dip dazu reichen.

TIPP

Die biologische Wertigkeit von Proteinen sagt aus, wie gut das Nahrungseiweiß in körpereigenes Eiweiß umgewandelt werden kann. Als Referenz dient das Hühnerei mit einem Wert von 100. Hafer hat eine biologische Wertigkeit von 60, diese wird bei zeitgleichem Verzehr von tierischem Eiweiß – hier Milch, Skyr und Ei – erheblich gesteigert.

TIPP

Wer gerne Meal Prep betreibt, wird mit dem gebackenen Porridge glücklich. Einfach die doppelte Menge zubereiten, die Hälfte sofort essen, den Rest nach dem Abkühlen im Kühlschrank aufbewahren und wieder erwärmen. Zum Frühstück oder in Stücke geschnitten als Dessert genießen.

PORRIDGE MIT AVOCADO UND EI

1½ EL Olivenöl | 120 g kernige Haferflocken | 250 ml Gemüsebrühe | 100 ml ungesüßter Haferdrink | 1 kleine Avocado | 1 EL Zitronensaft | 100 g Kirschtomaten | 1 Frühlingszwiebel | Salz | Pfeffer | 2 Eier (M) | 2 Büschel Kresse

Für 2 Personen | 25 Min. Zubereitung

1 1 EL Öl in einem kleinen Topf erhitzen, die Haferflocken darin 1–2 Min. anrösten. Mit der Brühe und dem Haferdrink aufgießen, aufkochen und bei kleiner Hitze ca. 5 Min. köcheln, dann auf der abgeschalteten Herdplatte zugedeckt 10 Min. quellen lassen.

2 Inzwischen die Avocado halbieren, entkernen, das Fruchtfleisch mit einem Löffel aus der Schale heben und ca. 1 cm groß würfeln. Mit Zitronensaft beträufeln. Tomaten waschen und vierteln. Frühlingszwiebel waschen, putzen und in feine Ringe schneiden. Porridge vom Herd nehmen, Frühlingszwiebel und zwei Drittel der Tomaten untermischen. Salzen und pfeffern.

3 Das übrige Öl in einer Pfanne erhitzen. Die Eier aufschlagen und darin bei mittlerer Hitze zu Spiegeleiern braten, salzen und pfeffern. Porridge in Schüsseln anrichten. Avocadowürfel, restliche Tomaten und Spiegeleier darauf anrichten. Mit je einem Büschel Kresse bestreut servieren.

Nährwert pro Portion:

520 kcal
17 g E
27 g F
45 g KH
2,4 g Beta-Glucan

PORRIDGE MIT SPINAT UND FETA

1 EL Pinienkerne | 1 kleine rote Zwiebel | 150 g kleine Champignons | 125 g junger Blattspinat | 1 EL Olivenöl | 120 g kernige Haferflocken | 300 g Tomatensaft | 125 ml Gemüsebrühe | Salz | Pfeffer | 100 g Schafskäse (Feta; mind. 45 % Fett i. Tr.)
Für 2 Personen | 20 Min. Zubereitung

1 Die Pinienkerne in einer Pfanne ohne Fett bei mittlerer Hitze goldbraun rösten. Dann vom Herd nehmen und abkühlen lassen. Die Zwiebel schälen und fein würfeln. Die Champignons putzen, bei Bedarf mit einem Tuch abreiben und in feine Scheiben schneiden. Den Spinat verlesen, waschen und in einem Sieb gut abtropfen lassen.

2 Das Öl in einem breiten Topf erhitzen. Die Zwiebel darin bei mittlerer Hitze glasig dünsten. Die Pilze 2–3 Min. mitdünsten. Dann zwei Drittel vom Spinat hinzufügen und 1–2 Min. mitdünsten. Haferflocken in den Topf geben, mit Tomatensaft und Brühe aufgießen. Alles aufkochen und bei kleiner Hitze in ca. 5 Min. zu einem cremigen Brei köcheln lassen. Dabei ab und an umrühren.

3 Den Porridge mit Salz und Pfeffer kräftig abschmecken. Auf zwei Schalen verteilen und mit dem übrigen Spinat bestreuen. Den Schafskäse zerbröckeln und mit den Pinienkernen obenauf streuen. Sofort servieren.

Nährwert pro Portion:

515 kcal
43 g KH
23 g E
2,4 g Beta-Glucan
25 g F

HAFER-PANCAKES

mit Schinkenfrischkäse

60 g zarte Haferflocken
20 g Haferkleieflocken
20 g Vollkorn-Dinkelmehl
1 TL Weinstein-Backpulver
1 Ei (L)
180 ml Milch (1,5 % Fett)
Salz
Pfeffer
1 Schalotte
50 g Putenbrustschinken
100 g Frischkäse
(mind. 20 % Fett i. Tr.)
½ Bund Schnittlauch
2 Mini-Salatgurken
1 EL Apfelessig
2 EL Olivenöl

Für 2 Personen
35 Min. Zubereitung

Nährwert pro Portion:

470 kcal
26 g E
21 g F
40 g KH
2,0 g Beta-Glucan

1 Die Haferflocken, Haferkleieflocken und das Dinkelmehl mit dem Backpulver in einer Schüssel mischen. Ei und Milch verquirlen, nach und nach unter die Mehlmischung rühren und alles zu einem dickflüssigen Teig verrühren. Mit Salz und Pfeffer würzen und den Teig 10 Min. quellen lassen.

2 Währenddessen die Schalotte schälen und fein würfeln. Den Schinken in kleine Würfel schneiden. Frischkäse mit Schalotte und Schinken verrühren, salzen und pfeffern. Schnittlauch waschen, trocken schütteln und in feine Röllchen schneiden, diese bis auf 2 EL unter die Creme rühren. Gurken waschen putzen und in dünne Scheiben schneiden, mit Essig und 1 EL Öl mischen, salzen und pfeffern.

3 Ofen auf 80° vorheizen. In einer großen beschichteten Pfanne ½ EL Öl erhitzen. Die Hälfte vom Teig in 1–2 esslöffelgroßen Portionen in die Pfanne setzen und bei mittlerer Hitze von jeder Seite in 3–4 Min. goldbraun backen. Fertige Pancakes im Ofen warmhalten. Die zweite Teighälfte mit dem übrigen Öl in gleicher Weise zu Pancakes verarbeiten. Die Pancakes mit Schinkencreme und Gurken auf Tellern anrichten und mit dem übrigen Schnittlauch bestreuen.

TIPP

Haferkleieflocken, hergestellt aus den äußeren Teilen des Haferkorns, sind zart, leicht löslich und sorgen bei den Pancakes für eine gute Bindung, sodass man für den Teig wenig Mehl braucht. Dank des hohen Beta-Glucan-Gehalts tragen Haferkleieflocken – regelmäßig verzehrt – zu einer Senkung des Cholesterinspiegels im Blut bei.

HERZHAFTER
ENERGIE-
SCHUB

VITAL-HAFERSTULLE MIT LACHS

Je 1 gelbe, rote und orangene Snack-Paprika | 150 g körniger Frischkäse (mind. 20 % Fett i. Tr.) | 2 TL Zitronensaft | Salz | Pfeffer | 1 Msp. rosenscharfes Paprikapulver | 4 Scheiben Hafer-Saaten-Brot ohne Mehl (à ca. 80 g; s. S. 137) | 50 g geräucherter Lachs (in Scheiben) | 2 Stängel Dill

Für 2 Personen | 20 Min. Zubereitung

1 Die Snack-Paprika waschen, halbieren, weiße Trennwände und Kerne entfernen. Die Paprikahälften sehr klein würfeln. Den Frischkäse mit Zitronensaft verrühren, die Paprikawürfel untermischen. Die Creme mit Salz, Pfeffer und Paprikapulver würzen.

2 Die Brotscheiben mit der Paprika-Frischkäse-Creme bestreichen. Den geräucherten Lachs in grobe Stücke zupfen und obenauf verteilen. Dill abbrausen, trocken schütteln und die Dillspitzen abzupfen. Die Brote mit dem Dill garnieren und servieren.

TIPP

Gerade kein selbstgemachtes Hafer-Saaten-Brot aus der eigenen Backstube im Vorrat? Kein Problem, auch im gut sortierten Supermarkt oder im Bio-Laden wird man inzwischen bei Haferbroten fündig.

Nährwert pro Portion:

500 kcal | 38 g KH
31 g E | 2,2 g Beta-Glucan
22 g F

TOMATEN-MOZZARELLA-BRÖTCHEN

2 Haferflocken-Quark-Brötchen (à ca. 125 g; s. S. 135) | 125 g Mozzarella (mind. 20 % Fett i. Tr.) | 2 kleine Tomaten | 4 TL mildes Ajvar | Salz | Pfeffer | 2 TL Olivenöl | 4 Basilikumblätter | 2 TL Basilikum-Pesto (selbst gemacht oder fertig gekauft)

Für 2 Personen | 15 Min. Zubereitung

1 Brötchen aufschneiden und die Schnittflächen toasten. Mozzarella gut abtropfen lassen und in Scheiben schneiden. Tomaten waschen, vom Stielansatz befreien und ebenfalls in Scheiben schneiden.

2 Zwei Brötchenhälften mit je 2 TL Ajvar bestreichen. Tomaten- und Mozzarellascheiben daraufschichten, mit Salz und Pfeffer würzen und mit je 1 TL Olivenöl beträufeln. Mit je 2 Basilikumblättern belegen.

3 Die übrigen Brötchenhälften mit je 1 TL Pesto bestreichen, auf die unteren Brötchenhälften legen und andrücken.

TIPP

Zum Mitnehmen die saftigen Brötchen all' italiana am besten in Butterbrottüten verpacken und auslaufsicher umhüllen.

Nährwert pro Portion:

- 460 kcal
- 58 g KH
- 24 g E
- 1,8 g Beta-Glucan
- 23 g F

VEGETA-
RISCHER
FITMACHER

HAFER-FENCHEL-SALAT

mit Trauben und Feta

100 g Haferkörner
Salz
1 Lorbeerblatt
1 kleine Knolle Fenchel (ca. 300 g)
1 kleine rote Zwiebel
50 g junger Blattspinat
150 g blaue kernlose Weintrauben
2 EL Weißweinessig
2 EL Orangensaft
Pfeffer
3 EL Olivenöl
¼ Bund Schnittlauch
20 g Walnusskerne
100 g Schafskäse (Feta; mind. 45 % Fett i. Tr.)

Für 2 Personen
30 Min. Zubereitung

Nährwert pro Portion:

- 630 kcal
- 19 g E
- 38 g F
- 47 g KH
- 2,0 g Beta-Glucan

1 Den Hafer mit 250 ml Salzwasser und dem Lorbeerblatt aufkochen und zugedeckt bei mittlerer Hitze in 20–25 Min. weich garen. Dann den Hafer in ein Sieb abgießen, kalt abschrecken und gut abtropfen lassen. Lorbeer entfernen.

2 In der Zwischenzeit den Fenchel waschen, putzen und das zarte Grün beiseitelegen. Fenchel auf einem Gemüsehobel in feine Scheiben hobeln. Zwiebel schälen, halbieren und in feine Halbringe schneiden. Fenchel und Zwiebelringe mit etwas Salz vermischen und mit den Händen 2–3 Min. kräftig kneten. Spinat verlesen, dabei grobe Stiele entfernen. Die Spinatblätter waschen und trocken schleudern. Trauben waschen, von den Stielen zupfen und halbieren.

3 In einer Schüssel den Essig und Orangensaft mit etwas Salz und Pfeffer verrühren. Das Öl nach und nach unterschlagen. Hafer, Fenchel-Mix, Spinat und Trauben dazugeben und vorsichtig mit dem Dressing mischen. Schnittlauch waschen, trocken schütteln und in feine Röllchen schneiden. Fenchelgrün hacken, beides untermischen. Die Nüsse hacken. Feta zerbröckeln. Den Salat auf Tellern anrichten, mit Walnüssen und Feta bestreut servieren.

TIPP

Hafer ist eine Top-Quelle für pflanzliches Eisen (s. S. 20). Eisen aus Hafer wird besonders gut verwertet, wenn es zusammen mit Vitamin C aufgenommen wird. Im Salat steckt reichlich davon: in Fenchel, Spinat und Orangensaft.

FRISCH &
SOMMER-
LICH

BOHNEN-HAFER-SALAT

mit Halloumi

100 g Haferkörner
Salz
200 g grüne Bohnen
100 g Edamamekerne (frisch oder tiefgekühlt)
2 Frühlingszwiebeln
1 reifer Pfirsich
2 EL Limettensaft
2 EL Aceto balsamico bianco
Pfeffer
3 EL Olivenöl
20 g getrocknete Soft-Tomaten
100 g Halloumi (mind. 43 % Fett i. Tr.)
6 Stängel Koriandergrün

Für 2 Personen
35 Min. Zubereitung

Nährwert pro Portion:

660 kcal
28 g E
36 g F
49 g KH
2,0 g Beta-Glucan

1 Hafer mit 250 ml Salzwasser aufkochen und zugedeckt bei mittlerer Hitze in 20–25 Min. weich garen. Hafer in ein Sieb abgießen, kalt abschrecken und gut abtropfen lassen. Währenddessen die Bohnen putzen, waschen und quer halbieren. In kochendem Salzwasser in 7–8 Min. bissfest garen. Etwa 3 Min. vor Ende der Garzeit die Edamame dazugeben und bis zum Schluss mitgaren. Bohnenmischung in ein Sieb abgießen, kalt abschrecken und abtropfen lassen.

2 Frühlingszwiebeln waschen, putzen und in feine Ringe schneiden. Pfirsich waschen, halbieren, entkernen und in Spalten schneiden. In einer Schüssel Limettensaft, Essig, 2 EL Wasser, Salz, Pfeffer und 2 EL Öl verrühren. Tomaten in feine Streifen schneiden und untermischen. Alle vorbereiteten Zutaten dazugeben und im Dressing wenden.

3 Den Halloumi trocken tupfen, in ca. 1 cm dicke Scheiben schneiden. Das übrige Öl in einer Pfanne erhitzen und die Scheiben darin bei mittlerer bis großer Hitze von jeder Seite in 2–3 Min. goldbraun braten. Koriander waschen, trocken schütteln und die Blätter abzupfen. Salat und Halloumi auf Tellern anrichten und mit Koriandergrün bestreut servieren.

TIPP

»Normaler« Hafer wurde bereits einmal erhitzt, bevor er in den Supermarkt gelangt, da sich die Spelzen nach der Darre leichter entfernen lassen. Kein Problem bei Gerichten, für die der Hafer gekocht werden muss. Wer den Vitalstoffgehalt z.B. im Frischkornbrei voll ausschöpfen will, greift zu Nackthafer (s.S. 10) aus Bio-Abteilung oder Bio-Laden.

GEMÜSE-CARPACCIO

1 große Möhre | 1 kleiner Kohlrabi | 100 g Zucchini | 2 EL Weißweinessig | Salz | Pfeffer | 2 EL Olivenöl | 2 EL Walnussöl | 50 g kernige Haferflocken | 2 TL scharfer Senf | 1 TL flüssiger Honig | 100 g Ziegenfrischkäse (mind. 40 % Fett i. Tr.) | 8–10 Basilikumblätter | 2 Scheiben Hafer-Vollkornbrot (à ca. 75 g; s. S. 132)

Für 2 Personen | 30 Min. Zubereitung

1 Möhre und Kohlrabi putzen und schälen, zartes Kohlrabigrün beiseitelegen. Zucchini waschen, putzen. Alle drei Gemüse in dünne Scheiben hobeln und diese leicht überlappend auf zwei großen Tellern auslegen.

2 Essig, 2 EL Wasser, Salz, Pfeffer, 1 EL Olivenöl und das Walnussöl verquirlen und über das Gemüse träufeln. Kohlrabigrün waschen, trocken schütteln, in feine Streifen schneiden und darüberstreuen.

3 Haferflocken im übrigen Olivenöl in einer beschichteten Pfanne bei mittlerer Hitze 3–4 Min. rösten, Senf und Honig untermischen, salzen und pfeffern. Röstflocken vom Herd nehmen und abkühlen lassen.

4 Vom Ziegenfrischkäse mit einem Teelöffel Nocken abstechen und auf die Carpaccii setzen. Mit Röstflocken und Basilikum bestreuen. Je eine Scheibe Brot dazu reichen.

Nährwert pro Portion:

640 kcal
57 g KH
21 g E
2,0 g Beta-Glucan
34 g F

HAFER-TABOULÉ

100 g Hafergrütze | 200 ml Gemüsebrühe | 2 Frühlingszwiebeln | ½ Salatgurke (ca. 200 g) | 2 Tomaten | 1 Bund Petersilie | 3 Zweige Minze | ½ Zitrone | Salz | Pfeffer | 1 TL flüssiger Honig | 2 EL Olivenöl | 150 g Joghurt (3,5 % Fett) | 3 EL Mineralwasser (mit Kohlensäure) | ½ TL Pul Biber
Für 2 Personen | 25 Min. Zubereitung

1 Die Hafergrütze in einer Schüssel mit der kochenden Gemüsebrühe übergießen und zugedeckt etwa 15 Min. quellen lassen. Anschließend in ein Sieb abgießen und lauwarm abkühlen lassen.

2 Frühlingszwiebeln waschen, putzen und in feine Ringe schneiden. Gurke waschen, putzen, streifig schälen, längs halbieren, entkernen und klein würfeln. Tomaten waschen und ohne Stielansatz ebenfalls klein würfeln. Kräuter waschen, trocken schütteln, die Blätter abzupfen und fein hacken.

3 Den Saft der Zitrone auspressen und mit Salz, Pfeffer, Honig und Öl verrühren. Hafergrütze, Frühlingszwiebeln, Gurke, Tomaten und Kräuter zugeben, alles gut vermischen. Taboulé ca. 10 Min. durchziehen lassen.

4 Inzwischen Joghurt und Mineralwasser verrühren, mit Salz und Pul Biber kräftig würzen. Den Dip zum Taboulé servieren.

Nährwert pro Portion:

420 kcal	44 g KH
14 g E	2,0 g Beta-Glucan
18 g F	

BROTSALAT MIT RUCOLA UND TOMATEN

200 g Hafer-Vollkornbrot (s. S. 132) | 3 EL Olivenöl | 1 rote Spitzpaprika | 100 g gelbe und rote Kirschtomaten | 60 g Rucola | 80 ml Gemüsebrühe | 2 EL Rotweinessig | Salz | Pfeffer

Für 2 Personen | 20 Min. Zubereitung

1 Das Brot ca. 1,5 cm groß würfeln. In einer beschichteten Pfanne 1 EL Öl erhitzen und die Würfel darin bei mittlerer Hitze rundherum in ca. 5 Min. anrösten. Vom Herd nehmen und auf einem Teller abkühlen lassen.

2 Spitzpaprika waschen, längs halbieren, Stielansatz, weiße Trennwände und Kerne entfernen. Die Hälften klein würfeln. Tomaten waschen und je nach Größe halbieren oder vierteln. Rucola verlesen, waschen und trocken schleudern, dicke Stiele entfernen.

3 Für die Vinaigrette die Gemüsebrühe mit Essig, Salz, Pfeffer und dem übrigen Öl verrühren. Brotwürfel, Paprika, Tomaten und Rucola dazugeben, untermischen. Den Salat auf Tellern anrichten und sofort servieren.

TIPP

Zum Mitnehmen die Vinaigrette in einen Extrabehälter füllen und erst kurz vor dem Essen über den Brotsalat geben.

Nährwert pro Portion:

470 kcal | 45 g KH
13 g E | 1,0 g Beta-Glucan
24 g F

HAFER-BOWL MIT FRÜCHTEN

½ Bund Thymian | 250 g Joghurt (3,5 % Fett) | 50 ml Orangensaft | 100 g kernige Haferflocken | 2 Pflaumen (ca. 100 g) | 3 Aprikosen (ca. 100 g) | 20 g Mandeln | 4 TL Honig | Salz | Pfeffer | 80 g Ziegenfrischkäserolle (mind. 40 % Fett i. Tr.)
Für 2 Personen | 25 Min. Zubereitung

1 Thymian abbrausen, trocken schütteln. Einige Zweige zum Garnieren beiseitelegen, von den übrigen die Blättchen abstreifen und diese fein hacken. Den Joghurt mit gehacktem Thymian, Orangensaft und Haferflocken verrühren. Abgedeckt kalt stellen und ca. 15 Min. quellen lassen.

2 Die Pflaumen und Aprikosen waschen, halbieren, entsteinen und in Spalten schneiden. Die Mandeln hacken und in einer kleinen Pfanne ohne Fett rösten. Danach vom Herd nehmen und abkühlen lassen.

3 Geröstete Mandeln und 2 TL Honig unter den Thymian-Flocken-Joghurt rühren, dann alles salzen und pfeffern. Die Hälfte der Früchte vorsichtig unterheben. Den Hafer-Mix in Schalen anrichten und mit den restlichen Früchten garnieren. Ziegenkäse in vier Scheiben schneiden, auf die Bowls legen, den übrigen Honig darüberträufeln und mit dem restlichen Thymian garniert servieren.

Nährwert pro Portion:

480 kcal	56 g KH
19 g E	2,0 g Beta-Glucan
18 g F	

BUNTE HAFER-BOWL

mit Hummus

100 g Haferkörner
Salz
120 g Brokkoli
1 Möhre
6 Radieschen
½ kleiner säuerlicher Apfel (z. B. Elstar)
30 g Feldsalat
125 g Kichererbsen (aus der Dose)
1 EL Tahin (Sesampaste)
2 EL Zitronensaft
60 g Hafercreme
3 EL Olivenöl
¼ TL gemahlener Kreuzkümmel
Pfeffer
2 EL Apfelessig
20 g Mandeln

Für 2 Personen
40 Min. Zubereitung

Nährwert pro Portion:

- 620 kcal
- 18 g E
- 35 g F
- 53 g KH
- 2,0 g Beta-Glucan

1 Den Hafer in 200 ml Salzwasser in einem Topf aufkochen und zugedeckt bei kleiner Hitze in ca. 20 Min. weich garen. Dann in ein Sieb abgießen, abtropfen und abkühlen lassen.

2 In der Zwischenzeit den Brokkoli waschen, putzen und in kleine Röschen teilen. In kochendem Salzwasser etwa 2 Min. blanchieren, danach in ein Sieb abgießen, abschrecken und abtropfen lassen. Möhre putzen, schälen und in feine Stifte schneiden. Radieschen putzen, waschen und in feine Scheiben schneiden. Apfel waschen, halbieren, entkernen und in kleine Würfel schneiden. Feldsalat verlesen, waschen, trocken schütteln, harte Stängel entfernen.

3 Kichererbsen abgießen, abbrausen und abtropfen lassen. Mit Tahin, Zitronensaft, Hafercreme und 1 EL Öl in einen Rührbecher geben und mit dem Pürierstab fein pürieren. Hummus mit Kreuzkümmel, Salz und Pfeffer abschmecken.

4 Essig, Salz, Pfeffer und das restliche Öl verrühren, Hafer mit dem Dressing vermischen. In zwei Bowls mit Brokkoli, Möhren, Radieschen, Apfel und Feldsalat anrichten. Je einen Klecks Hummus in die Mitte geben. Mandeln grob hacken und darüberstreuen. Übrigen Hummus dazu reichen.

TIPP

Bowl – der Name ist Programm. Das trendige Schüssel-Essen ist in einer Frischhaltedose aufbewahrt auch ideal als Mahlzeit to go. Den Hummus besser separat verpacken.

VOLLWERTIG
& VEGAN

GEMÜSEKALTSCHALE

mit Croûtons und Ricottaklößchen

150 g Salatgurke
1 kleine gelbe Paprika
150 g Tomaten
1 kleine Zwiebel
1 Knoblauchzehe
1 rote Peperoni
500 g Tomatensaft
30 g zarte Haferflocken
3 EL Olivenöl
2 EL Weißweinessig
Salz, Pfeffer
3 Stängel Petersilie
2 Stängel Basilikum
125 g Ricotta (mind. 45 % Fett i. Tr.)
1 Scheibe Hafer-Vollkornbrot (ca. 75 g; s. S. 132)

Für 2 Personen
30 Min. Zubereitung
1 Std. Kühlen

Nährwert pro Portion:

- 490 kcal
- 16 g E
- 27 g F
- 42 g KH
- 1,1 g Beta-Glucan

1 Gurke waschen, putzen, streifig schälen, längs halbieren und entkernen. Paprika waschen, längs halbieren, Stielansatz, weiße Trennwände und Kerne entfernen. Tomaten waschen, vom Stielansatz befreien, vierteln und entkernen. Jeweils ein Drittel vom Gemüse fein würfeln und abgedeckt kalt stellen. Das übrige Gemüse grob in Stücke schneiden. Zwiebel und Knoblauch schälen, fein würfeln. Peperoni waschen, vom Stielansatz befreien und je nach gewünschter Schärfe entkernen. Die Schote in feine Ringe schneiden.

2 Die vorbereiteten Zutaten mit Tomatensaft, 20 g Haferflocken, 2 EL Öl und dem Essig in den Mixbehälter geben und im Standmixer erst auf kleiner Stufe, dann auf höchster Stufe fein pürieren. Kaltschale mit Salz und Pfeffer kräftig würzen und abgedeckt etwa 1 Std. kalt stellen.

3 Die übrigen Haferflocken im Blitzhacker fein mahlen. Kräuter waschen, trocken schütteln, die Blätter abzupfen und in sehr feine Streifen schneiden. Hafermehl, Kräuter und Ricotta mischen, salzen und pfeffern. Aus der Masse mit angefeuchteten Händen sechs walnussgroße Bällchen formen. Auf einen Teller legen und zugedeckt kalt stellen.

4 Für die Croûtons das Brot in etwa 1½ cm große Würfel schneiden. Übriges Öl in einer beschichteten Pfanne erhitzen, die Brotwürfel darin bei mittlerer Hitze unter Wenden von allen Seiten goldbraun rösten. Auf einen Teller geben und abkühlen lassen. Die kalte Suppe in tiefe Teller oder Schalen füllen, Ricottaklößchen und Croûtons darauf verteilen. Die übrigen Gemüsewürfel dazu servieren.

PERFEKTER
COOLER BEI
HITZE

ZUM
SATTSEHEN
UND -ESSEN

VITALSCHNITTE

mit Rote-Bete-Häckerle

2 Eier (M)
150 g Rote Bete (vorgegart und vakuumiert)
1 kleine rote Zwiebel
1 Gewürzgurke (ca. 40 g)
1 EL Rotweinessig
Salz, Pfeffer
1 EL Walnussöl
1 Avocado
1 EL Limettensaft
¼ TL Pul Biber
2 große Scheiben Hafer-Vollkornbrot (à ca. 100 g; s. S. 132)
½ Bund Schnittlauch

Für 2 Personen
30 Min. Zubereitung

Nährwert pro Portion:

590 kcal
21 g E
29 g F
54 g KH
2,7 g Beta-Glucan

1 Die Eier anstechen, in kochendem Wasser in 8–10 Min. hart kochen, dann abgießen, kalt abschrecken und pellen.

2 Inzwischen die Roten Beten abtropfen lassen und in etwa ½ cm große Würfel schneiden. Zwiebel schälen und ebenso wie die Gurke sehr fein würfeln. Essig mit Salz, Pfeffer und Walnussöl in einer Schüssel verrühren. Rote Bete-, Gurken- und Zwiebelwürfel dazugeben und untermischen.

3 Avocado halbieren und entkernen. Das Fruchtfleisch mit einem Löffel aus der Schale lösen, mit Limettensaft, Salz und Pul Biber mischen und mit einer Gabel fein zerdrücken.

4 Die Brotscheiben auf dem Toaster oder in einer großen beschichteten Pfanne ohne Fett bei mittlerer bis großer Hitze knusprig rösten. Herausnehmen und beseitestellen. Die Eier längs in Scheiben schneiden. Schnittlauch abbrausen, trocken schütteln und in feine Röllchen schneiden.

5 Das Avocadopüree auf die gerösteten Brotscheiben streichen, mit den Eischeiben belegen und diese leicht andrücken. Rote-Bete-Häckerle darauf verteilen und alles mit den Schnittlauchröllchen bestreut servieren.

TIPP

Eine ausgewogene Mahlzeit auf einer Scheibe Brot! Die fein belegte Hafer-Vollkornstulle liefert viele Ballast- und Mineralstoffe, reichlich B-Vitamine, wertvolle sekundäre Pflanzenstoffe und Proteine satt. Genuss pur!

GURKEN-AYRAN-SUPPE MIT KRABBEN

80 g zarte Haferflocken | 2 EL Zitronensaft | 1 Schalotte | 1½ Salatgurken (ca. 600 g) | 4 Zweige Minze | 250 g Ayran (1,8 % Fett) | Salz | ¼ TL Piment d´Espelette (ersatzweise Cayennepfeffer) | 100 g Nordseekrabbenfleisch (aus dem Kühlregal)
Für 2 Personen | 30 Min. Zubereitung

1 Die Haferflocken in einer flachen Schale mit Zitronensaft und 100 ml kaltem Wasser verrühren und ca. 20 Min. quellen lassen.

2 In der Zwischenzeit die Schalotte schälen und fein würfeln. Gurken waschen, putzen und streifig schälen. 50 g Gurke beiseitelegen, übrige Gurken grob in Stücke schneiden. Minze abbrausen, trocken schütteln, die Blätter abzupfen und ein paar für die Garnierung auf die Seite legen.

3 Gurken, Schalotte, Flockenmischung, Minzeblätter und Ayran in den Mixer geben und alles erst auf kleiner, dann auf höchster Stufe fein pürieren. Mit Salz und Piment d'Espelette kräftig würzen. Übrige Gurke in dünne Scheiben schneiden. Krabben in einem Sieb abbrausen und abtropfen lassen.

4 Die Kaltschale in tiefen Tellern anrichten. Gurkenscheiben und Krabben darauf verteilen und mit Minze garniert servieren.

Nährwert pro Portion:

285 kcal	34 g KH
18 g E	1,6 g Beta-Glucan
6 g F	

RÄUCHERFORELLENBROT

8 Radieschen | 2 Frühlingszwiebeln | 4 Römersalatblätter | 1 EL Kapern (z. B. Nonpareilles) | 1 EL Aceto balsamico bianco | Salz | Pfeffer | 2 EL Olivenöl | 4 Stängel Dill | 2 Scheiben Dinkel-Hafer-Brot (à ca. 90 g; s. S. 134) | 60 g Frischkäse (mind. 20 % Fett i. Tr.) | 125 g geräuchertes Forellenfilet
Für 2 Personen | 20 Min. Zubereitung

1 Radieschen waschen, putzen und in feine Scheiben schneiden. Frühlingszwiebeln waschen, putzen, das Weiße und Hellgrüne in feine Ringe schneiden. Die Salatblätter waschen, trocken tupfen und putzen. Die Kapern in einem Sieb abtropfen lassen.

2 Den Essig mit Salz, Pfeffer und Öl in einer Schüssel verrühren. Dill abbrausen, trocken schütteln, die Nadeln abzupfen und bis auf ein paar Dillspitzen hacken. Radieschen, Frühlingszwiebeln, Kapern und Dill zu der Marinade geben und untermischen.

3 Die Brote mit dem Frischkäse bestreichen und mit je einem Salatblatt belegen. Die Forellenfilets grob in Stücke teilen und darauflegen. Die Hälfte vom Radieschensalat obenauf anrichten und mit Dill bestreut servieren. Übrigen Salat dazu reichen.

Nährwert pro Portion:

- 430 kcal
- 26 g E
- 18 g F
- 39 g KH
- 1,0 g Beta-Glucan

EXOTISCHE
SUPER-
ROHKOST

ROTKOHL-ORANGEN-SALAT

mit pikantem Granola

20 g getrocknete Cranberrys
20 g Haselnusskerne
20 g Kürbiskerne
50 g kernige Haferflocken
1 EL flüssiger Honig
2 TL rote Thai-Currypaste
Salz
½ Rotkohl (ca. 250 g)
1 Stück Ingwer (ca. 2 cm)
2 EL Limettensaft
2 EL Rotweinessig
1 Chicorée
1 Orange
Pfeffer
2 EL Traubenkernöl
100 g Hähnchenbrust-Aufschnitt
6 Stängel Koriandergrün

Für 2 Personen
45 Min. Zubereitung

Nährwert pro Portion:

425 kcal
21 g E
22 g F
30 g KH
1,0 g Beta-Glucan

1 Für das Granola getrocknete Cranberrys, Haselnüsse und Kürbiskerne grob hacken. Mit Haferflocken, Honig und Currypaste mischen. Mit etwas Salz würzen. Eine beschichtete Pfanne erhitzen, die Flockenmischung darin verteilen und bei mittlerer Hitze unter Wenden in 5–7 Min. knusprig braten. Vom Herd nehmen und auskühlen lassen.

2 Rotkohl waschen, putzen, nochmals längs halbieren und quer in feine Streifen schneiden oder hobeln. Ingwer schälen, fein würfeln. Rotkohl und Ingwer in einer Schüssel mit dem Limettensaft, 1 EL Essig und ½ TL Salz vermengen. Von Hand 2–3 Min. kräftig kneten und ca. 10 Min. ziehen lassen.

3 In der Zwischenzeit den Chicorée waschen, putzen und längs halbieren, dann vom Strunk befreien und die Hälften quer in 2–3 cm breite Stücke schneiden. Die Orange so schälen, dass die weiße Haut vollständig entfernt wird. Orangenfilets mit einem scharfen Messer zwischen den Trennhäuten herausschneiden, dabei den austretenden Saft auffangen. Die Trennhäute mit den Händen auspressen.

4 Orangensaft, restlichen Essig, Salz, Pfeffer und Traubenkernöl verrühren. Rotkohlsalat, Chicorée und Orangenfilets vorsichtig mit dem Dressing mischen. Auf Teller verteilen, Hähnchenaufschnitt dazu anrichten. Koriandergrün kurz abbrausen, trocken schütteln und die Blätter abzupfen. Salat mit Granola und Koriander bestreut servieren.

TIPP

Das Granola passt prima zu einer asiatischen Cremesuppe.

SAFTIGER
SUPER-
SATTMA-
CHER

PASTRAMI-SANDWICH

mit Radicchio

80 g Frischkäse mit Joghurt (mind. 50 % Fett i. Tr.)
2 TL geriebener Meerrettich (aus dem Glas)
1 kleine Stange Staudensellerie (ca. 40 g)
½ kleiner säuerlicher Apfel (z. B. Elstar)
50 g Radicchioblätter
2 TL Aceto balsamico
Salz, Pfeffer
1 EL Olivenöl
3 Haferflocken-Quark-Brötchen (à ca. 125 g; s. S. 135)
60 g Pastrami-Aufschnitt (ersatzweise Roastbeef in dünnen Scheiben)
¼ Beet Kresse

Für 3 Stück
20 Min. Zubereitung

1 Frischkäse und Meerrettich glatt verrühren. Den Sellerie waschen, putzen und in feine Würfel schneiden. Den Apfel waschen, entkernen und ebenfalls sehr fein würfeln. Apfel- und Selleriewürfel unter die Frischkäsecreme rühren.

2 Radicchioblätter waschen, putzen, längs halbieren und in etwa ½ cm breite Streifen schneiden. Essig, 2 TL Wasser, Salz, Pfeffer und Öl verrühren. Radicchio untermischen.

3 Die Brötchen aufschneiden, auf dem Toaster aufbacken, dann mit der Frischkäsecreme bestreichen. Die unteren Hälften mit den Pastramischeiben belegen, den Radicchiosalat darauf verteilen und mit der Kresse bestreuen. Die oberen Brötchenhälften darauflegen und gut andrücken.

TIPP

Pastrami – klingt italienisch, ist es aber nicht. Es handelt sich um eine in den USA schon lange beliebte Delikatesse: Mageres Rindfleisch wie Tafelspitz oder Schulter wird gepökelt, dann mild geräuchert und sanft gegart; das sorgt für einen angenehm würzigen und sehr zarten Genuss.

Nährwert pro Stück:

440 kcal
23 g E
21 g F
36 g KH
1,8 g Beta-Glucan

HAFER-PFANNKUCHEN

mit Zucchini-Pilz-Gemüse

100 g zarte Haferflocken
1 Ei (M)
125 g Buttermilch (max. 1% Fett)
½ TL getrockneter Thymian
Salz
125 ml Mineralwasser (mit Kohlensäure)
150 g Zucchini
150 g kleine Champignons
1 Zwiebel
20 g getrocknete Tomaten (in Öl)
2 EL Olivenöl
Pfeffer
50 g Schmand (24 % Fett)
100 ml Gemüsebrühe
1 Bund Schnittlauch

Für 2 Personen
40 Min. Zubereitung

Nährwert pro Portion:

- 480 kcal
- 18 g E
- 26 g F
- 39 g KH
- 2,0 g Beta-Glucan

1 Die Haferflocken im Blitzhacker, in einer Getreide- oder Kaffeemühle fein mahlen. In einer Rührschüssel Hafermehl, Ei, Buttermilch, Thymian, ¼ TL Salz und Mineralwasser mit einem Schneebesen gut verrühren. 20 Min. quellen lassen.

2 Zucchini waschen, putzen, längs halbieren und in dünne Scheiben schneiden. Pilze putzen, bei Bedarf mit einem Tuch abreiben und in dünne Scheiben schneiden. Zwiebel schälen, Tomaten abtropfen lassen und beides fein würfeln.

3 In einer beschichteten Pfanne 1 EL Öl erhitzen, die Pilze darin bei mittlerer bis großer Hitze 2–3 Min. anbraten. Zucchini, Zwiebeln und Tomaten hinzufügen, weitere 2–3 Min. mitbraten. Mit Salz und Pfeffer würzen. Schmand und Brühe einrühren, aufkochen und ca. 2 Min. köcheln.

4 In einer beschichteten Pfanne (ca. 24 cm Ø) ½ EL Öl erhitzen. Die Hälfte des Teiges hineingeben, gleichmäßig darin verteilen und 3–4 Min. bei mittlerer Hitze backen. Pfannkuchen wenden, in weiteren 3–4 Min. fertig backen. Abgedeckt warmhalten. Aus dem übrigen Teig und Öl in gleicher Weise einen zweiten Pfannkuchen backen.

5 Schnittlauch abbrausen, trocken schütteln und in feine Röllchen schneiden, bis auf 2 EL zum Gemüse geben. Das Gemüse auf die Pfannkuchen verteilen, diese zur Hälfte umklappen und mit übrigem Schnittlauch bestreut servieren.

BALLAST- &
MINERAL-
STOFFREICH

HAFER-TORTILLAS

mit Linsen-Bolognese

100 g Vollkorn-Hafermehl
50 g Dinkelmehl (Type 630)
Salz
3 EL Olivenöl
1 kleine rote Zwiebel
1 Möhre
1 Stange Staudensellerie
2 TL Tomatenmark
200 ml Gemüsebrühe
200 g stückige Tomaten (aus der Dose)
40 g rote Linsen
1 TL getrockneter Oregano
Pfeffer
½ Mini-Römersalat
200 g Joghurt (3,5 % Fett)

Außerdem
Mehl zum Arbeiten

Für 2 Personen
1 Std. Zubereitung

Nährwert pro Portion:

620 kcal
21 g E
26 g F
71 g KH
1,95 g Beta-Glucan

1 Vollkorn-Hafermehl, Dinkelmehl und ½ TL Salz in einer Schüssel vermischen, 2 EL Öl und 100 ml lauwarmes Wasser mit dem Schneebesen gründlich unterrühren und den Teig etwa 15 Min. bei Raumtemperatur ruhen lassen.

2 Zwiebel und Möhre schälen, Sellerie waschen und putzen. Alles fein würfeln. Das übrige Öl in einem Topf erhitzen, Gemüsewürfel darin bei mittlerer Hitze ca. 2 Min. anbraten. Das Tomatenmark einrühren und weitere 2 Min. mitbraten. Brühe, Tomaten, Linsen und Oregano dazugeben. Kurz aufkochen und bei kleiner Hitze etwa 20 Min. zugedeckt kochen, ab und zu umrühren. Mit Salz und Pfeffer würzen.

3 Den Backofen auf 80° vorheizen. Den Teig in vier gleich große Kugeln teilen und auf der bemehlten Arbeitsfläche jeweils zu einem runden Fladen (ca. 20–22 cm Ø) ausrollen. Eine mittelgroße Pfanne erhitzen, die Tortillas darin bei mittlerer Hitze ohne Fett in ca. 2 Min. von jeder Seite bräunen. Auf einem Teller im Ofen warmhalten.

4 Salat waschen, putzen und in feine Streifen schneiden. Zwei Tortillas mit je 50 g Joghurt bestreichen, mit der Hälfte der Bolognese und Salatstreifen belegen und leicht umklappen. Übrige Tortillas ebenso zubereiten und alles servieren.

TIPP

Hafermehl ist glutenarm. Daher wird es beim Backen meist mit Mehlen wie Dinkel, Weizen oder Roggen gemischt, damit sich ein Teiggerüst bildet und der Teig besser »klebt«.

ITALO-
MEXIKANISCHES
CROSSOVER

GOLDSTÜCK
MAL ANDERS

HAFER-GEMÜSE-PUFFER

mit Avocadoquark

100 g Zucchini
100 g Möhren
1 kleine Zwiebel
Salz
60 g zarte Haferflocken
20 g kernige Haferflocken
60 g Hafercreme
1 Ei (M)
Pfeffer
½ TL abgeriebene Schale von 1 Bio-Zitrone
1 kleine Avocado
200 g Magerquark
¼ Bund Petersilie
¼ Bund Schnittlauch
4 EL Rapsöl

Für 2 Personen
50 Min. Zubereitung

Nährwert pro Portion:

- 610 kcal
- 25 g E
- 38 g F
- 38 g KH
- 1,7 g Beta-Glucan

1 Die Zucchini waschen und putzen, die Möhren schälen. Beide Gemüse auf der Küchenreibe fein raspeln. Zwiebel schälen, fein würfeln. Alles in einer Schüssel mit ½ TL Salz mischen und ca. 10 Min. ziehen lassen. Die zarten Flocken im Blitzhacker oder im Mixer zu feinem Mehl zermahlen.

2 Dann die Gemüsemischung auf ein sauberes Geschirrtuch geben und mit dessen Hilfe kräftig ausdrücken. Das Gemüse in einer Schüssel mit Hafermehl, kernigen Haferflocken, Hafercreme und Ei mischen, mit Salz, Pfeffer und Zitronenschale würzen. Etwa 20 Min. quellen lassen.

3 Währenddessen die Avocado längs halbieren, entkernen, das Fruchtfleisch mit einem Löffel aus der Schale heben und in einer Schale mit einer Gabel fein zerdrücken. Den Quark untermischen, mit Salz und Pfeffer würzen. Petersilie und Schnittlauch waschen und trocken schütteln. Petersilienblätter abzupfen und fein hacken, Schnittlauch in Röllchen schneiden. Zwei Drittel der Kräuter unter den Avocadoquark mischen, den Rest darüberstreuen.

4 Backofen auf 80° vorheizen. In einer großen beschichteten Pfanne 2 EL Öl erhitzen. Die Hälfte der Gemüsemasse mit einem Esslöffel in fünf bis sechs Portionen in die Pfanne geben und leicht flach drücken. Bei mittlerer Hitze von jeder Seite 3–4 Min. goldbraun braten. Herausnehmen und auf einem Teller im Ofen warmhalten. Die übrige Hafermasse mit dem restlichen Öl in gleicher Weise zu fünf bis sechs weiteren Puffern braten. Mit dem Avocadoquark servieren.

HAFER-FALAFEL

mit Tomaten-Auberginen-Sugo

1 Dose Kichererbsen (240 g Abtropfgewicht)
80 g zarte Haferflocken
4 EL Olivenöl
2 EL Tahin (Sesampaste)
1 Bund Petersilie
1 TL gemahlener Kreuzkümmel
Salz
Pfeffer
1 Aubergine (ca. 400 g)
1 Zwiebel
1 Knoblauchzehe
5 Zweige Thymian
1 Dose passierte Tomaten (400 g)
150 ml Gemüsebrühe
1 TL Pul Biber

Für 2 Personen
1 Std. Zubereitung
25 Min. Backen

Nährwert pro Portion:

650 kcal
22 g E
33 g F
57 g KH
1,6 g Beta-Glucan

1 Kichererbsen in ein Sieb abgießen, kalt abbrausen und gut abtropfen lassen. Die Haferflocken im Blitzhacker zu Mehl zermahlen, dann mit den Kichererbsen, 2 EL Öl, 100 ml Wasser und Tahin in ein hohes Rührgefäß geben und fein pürieren. Die Petersilie abbrausen und trocken schütteln, die Blätter abzupfen. Die Hälfte auf die Seite legen, Rest unter die Kichererbsenmasse rühren. Mit Kreuzkümmel, Salz und Pfeffer würzen. Etwa 15 Min. quellen lassen.

2 Inzwischen die Aubergine waschen, putzen und ca. 1 cm groß würfeln. Die Würfel salzen und ca. 10 Min. ziehen lassen. Zwiebel und Knoblauch schälen und in feine Würfel schneiden. Thymian abbrausen, trocken schütteln, die Blättchen von den Zweigen streifen und hacken.

3 Backofen auf 200° vorheizen. Aus der Kicherbsenmasse mit angefeuchteten Händen zwölf gleich große Falafel rollen, leicht flach drücken und auf ein mit Backpapier belegtes Backblech legen. Mit 1 EL Öl bestreichen und im Ofen (Mitte) ca. 25 Min. backen, zwischendurch einmal wenden.

4 Übriges Öl in einer großen beschichteten Pfanne erhitzen. Auberginen trocken tupfen und im heißen Öl bei großer Hitze ca. 5 Min. rundum hellbraun braten. Herausnehmen. Zwiebel und Knoblauch im Bratfett bei mittlerer Hitze glasig braten. Tomaten und Brühe zugeben, aufkochen. Mit Salz, Pfeffer sowie Thymian würzen und die Sauce bei mittlerer Hitze ca. 10 Min. offen schmoren. Mit Salz, Pfeffer und Pul Biber würzen. Auberginenwürfel unterheben. Falafel mit dem Sugo anrichten und mit Petersilie bestreut servieren.

VEGAN MIT
ORIENTAL
TOUCH

FLOCKEN-BRATREIS

mit grünem Gemüse

50 g 10-Minuten-Naturreis
Salz
75 g zarte Haferflocken
1 TL Currypulver
1 EL Butter
1 TL flüssiger Honig
200 g Bimi (Wildbrokkoli; ersatzweise Brokkoli)
200 g Spitzkohl
3 Frühlingszwiebeln
75 g TK-Erbsen
1 Knoblauchzehe
3 EL Erdnussöl
2 TL Sambal Oelek
2 Eier (M)
2 EL helle Sojasauce

Für 2 Personen
45 Min. Zubereitung

Nährwert pro Portion:

- 655 kcal
- 23 g E
- 34 g F
- 59 g KH
- 1,5 g Beta-Glucan

1 Reis in kochendem Salzwasser nach Packungsanweisung bissfest garen, dann abgießen und gut abtropfen lassen. Währenddessen die Haferflocken in einer Pfanne ohne Fett bei mittlerer Hitze etwa 5 Min. rösten, dabei gelegentlich wenden. Erst Currypulver, Butter und Honig dazugeben und mit den Haferflocken vermengen, dann den abgetropften Reis untermischen. Reis-Mischung auf die Seite stellen.

2 Bimi putzen, waschen und gut abtropfen lassen, die Stielenden knapp abschneiden. Bimi in grobe Stücke schneiden. Spitzkohl waschen, putzen und quer in etwa 1 cm breite Streifen schneiden. Frühlingszwiebeln waschen, putzen und in feine Ringe schneiden. Erbsen antauen lassen. Knoblauch schälen und in feine Würfel schneiden.

3 2 EL Öl in einer großen Pfanne oder im Wok erhitzen. Bimi und Spitzkohl darin 1–2 Min. bei großer Hitze anbraten. Knoblauch, Sambal Oelek, Hälfte der Frühlingszwiebeln und die Erbsen zugeben, unter Rühren ca. 1 Min. mitbraten.

4 Die Eier in einer Schale mit 1 Prise Salz verquirlen. Übriges Öl in der Pfanne erhitzen. Gemüse an den Pfannenrand schieben, die Eier in der Mitte stocken lassen, dann in Stücke zupfen. Haferflocken-Reis zufügen, unter Rühren 2–3 Min. braten. Sojasauce und 2–3 EL Wasser untermischen. Den Bratreis auf Tellern anrichten und mit den übrigen Frühlingszwiebeln bestreut servieren.

INDONE-
SISCH
INSPIRIERT

VOLLWERTIG
MIT BISS

HAFER-RISOTTO

mit Rosenkohl

150 g Haferkörner
2 Möhren
1 Zwiebel
1 Knoblauchzehe
250 g Rosenkohl
Salz
3 EL Olivenöl
50 ml trockener Weißwein (ersatzweise 50 ml Gemüsebrühe)
200 ml Gemüsebrühe
15 g Walnusskerne
40 g Parmesan (am Stück)
6 Zweige Thymian
1 EL Butter
1 EL Zitronensaft
Pfeffer

Für 2 Personen
1 Std. Zubereitung
8 Std. Quellen (über Nacht)

Nährwert pro Portion:

- 680 kcal
- 22 g E
- 37 g F
- 53 g KH
- 2,9 g Beta-Glucan

1 Hafer in 250 ml kaltem Wasser über Nacht einweichen. Am nächsten Tag in ein Sieb abgießen, dabei das Einweichwasser auffangen. Hafer gut abtropfen lassen. Die Möhren putzen, schälen und in ca. ½ cm große Würfel schneiden. Zwiebel und Knoblauch schälen, fein würfeln. Rosenkohl waschen, putzen und in kochendem Salzwasser in etwa 5 Min. bissfest garen. Danach den Rosenkohl abgießen, kalt abschrecken, abtropfen lassen und halbieren.

2 In einem breiten Topf 2 EL Öl erhitzen. Zwiebel, Knoblauch und Möhren bei mittlerer Hitze etwa 2 Min. dünsten. Hafer dazugeben, 2 Min. mitdünsten. Wein oder Brühe angießen und bei großer Hitze einkochen lassen. Das Hafer-Einweichwasser und die Brühe hinzufügen und alles unter Rühren bei mittlerer bis großer Hitze 20–25 Min. garen.

3 Nüsse grob hacken und in einer Pfanne ohne Fett bei mittlerer Hitze anrösten, auf einem Teller abkühlen lassen. Parmesan fein reiben. Thymian abbrausen, trocken schütteln, die Blätter abstreifen und fein hacken. Rosenkohl im übrigen Öl bei mittlerer Hitze 2–3 Min. braten, kurz vor Ende der Garzeit unter den Risotto heben. Ca. 3 Min. mitgaren.

4 Vor dem Servieren Butter, Zitronensaft, gehackten Thymian und die Hälfte vom Parmesan unter das Risotto heben. Mit Salz und Pfeffer würzen. Risotto auf Tellern anrichten, mit Nüssen und restlichem Parmesan bestreut servieren.

FRÜHLINGSMINESTRONE

100 g Haferkörner | Salz | 300 g grüner Spargel | 300 g Kohlrabi | 1 kleine Knolle Fenchel | 1 Zwiebel | 2 EL Olivenöl | 3 Zweige Thymian | 750 ml Gemüsebrühe | 1 Dose Kirschtomaten (400 g) | Pfeffer | 1 Dose weiße Bohnen (240 g Abtropfgewicht) | 50 g TK-Erbsen | 8 Basilikumblätter

Für 2 Personen | 35 Min. Zubereitung

1 Hafer mit 250 ml Salzwasser aufkochen und bei mittlerer Hitze in 20–25 Min. zugedeckt weich garen. Abgießen und abtropfen lassen. Spargel waschen, putzen, im unteren Drittel schälen und schräg in ca. 3 cm breite Stücke schneiden. Kohlrabi putzen, schälen und ca. 1 cm groß würfeln. Fenchel waschen, halbieren, putzen und in ca. 1 cm breite Streifen schneiden. Zwiebel schälen, halbieren und in feine Streifen schneiden.

2 Öl in einem Topf erhitzen, Gemüse und Zwiebeln darin bei mittlerer Hitze ca. 3 Min. andünsten. Thymian abbrausen, trocken schütteln, die Blätter abstreifen und fein hacken. Brühe, Tomaten und Thymian zum Gemüse geben, salzen und pfeffern. Aufkochen und zugedeckt 8–10 Min. garen.

3 Bohnen in ein Sieb abgießen, abbrausen und abtropfen lassen. Hafer, Bohnen und Erbsen in die Suppe geben und erhitzen, mit Salz und Pfeffer würzen. Suppe in tiefen Tellern mit Basilikum garniert servieren.

Nährwert pro Portion:

560 kcal	59 g KH
22 g E	1,95 g Beta-Glucan
22 g F	

KOHL-HAFER-EINTOPF

400 g Weißkohl | 1 große Möhre | 200 g Kartoffeln | 1 Zwiebel | 1 Knoblauchzehe | 2 EL Olivenöl | 1 TL Kümmel | 1 EL Tomatenmark | 1 EL edelsüßes Paprikapulver | 750 ml Gemüsebrühe | 100 g Haferkörner | Salz | Pfeffer | ½ Bund Petersilie | 2 EL Apfelessig | 100 g saure Sahne (10 % Fett)

Für 2 Personen | 1 Std. Zubereitung

1 Kohl waschen, putzen, halbieren und ohne Strunk quer in ca. 2 cm große Stücke schneiden. Möhre putzen, schälen, längs halbieren und in ca. 2 cm breite Stücke schneiden. Kartoffeln schälen, waschen und ca. 2,5 cm groß würfeln. Zwiebel und Knoblauch schälen, fein würfeln.

2 Öl in einem weiten Topf erhitzen. Kohl und Kümmel bei großer Hitze ca. 5 Min. anbraten. Zwiebel, Knoblauch, Möhren und Kartoffeln dazugeben, 3–4 Min. unter Rühren mitbraten. Tomatenmark und Paprikapulver einrühren, kurz andünsten. Brühe zugießen, Hafer einstreuen, salzen und pfeffern. Alles aufkochen und zugedeckt bei kleiner Hitze etwa 30 Min. kochen.

3 Petersilie waschen, trockenschütteln, Blätter abzupfen und mittelfein hacken. Eintopf mit Salz, Pfeffer und Essig abschmecken. Mit Petersilie bestreut und je einem Klecks saurer Sahne servieren.

Nährwert pro Portion:

610 kcal | 60 g KH
14 g E | 1,95 g Beta-Glucan
30 g F

GEFÜLLTE PAPRIKA

mit Hafergrütze

80 g Hafergrütze
200 ml Gemüsebrühe
1 große Zwiebel
1 Knoblauchzehe
1 Stange Staudensellerie
30 g schwarze Oliven
3 Zweige Thymian
30 g Parmesan (am Stück)
2 EL Olivenöl
2 EL Weißweinessig
2 EL zarte Haferflocken
½ TL abgeriebene Schale
von 1 Bio-Zitrone
Salz, Pfeffer
1 Dose stückige Tomaten
(400 g)
je 1 rote und gelbe Paprika

Für 2 Personen
40 Min. Zubereitung
35 Min. Garen

Nährwert pro Portion:

475 kcal
17 g E
21 g F
45 g KH
2,0 g Beta-Glucan

1 Die Hafergrütze mit 150 ml kochender Gemüsebrühe übergießen und ca. 15 Min. quellen lassen, dann mit einer Gabel auflockern. Zwiebel und Knoblauch schälen, fein würfeln. Sellerie waschen, putzen, längs halbieren und in ca. ½ cm dicke Scheiben schneiden. Oliven entsteinen, grob hacken. Thymian abbrausen, trocken schütteln und die Blättchen abstreifen. Parmesan fein reiben.

2 In einer Pfanne 1 EL Öl erhitzen. Die Hälfte der Zwiebelwürfel, den Knoblauch und Sellerie darin bei mittlerer Hitze 2–3 Min. dünsten. Mit dem Essig ablöschen, einmal kurz aufkochen und vom Herd nehmen. Sellerie-Mix, Oliven, Thymian, Parmesan und Haferflocken unter die Hafergrütze heben. Mit Zitronenschale, Salz und Pfeffer abschmecken.

3 Den Backofen auf 180° vorheizen. 1 EL Öl in einem Topf erhitzen, übrige Zwiebelwürfel darin bei mittlerer Hitze glasig dünsten. Stückige Tomaten und restliche Gemüsebrühe dazugeben, aufkochen und ca. 10 Min. offen bei mittlerer Hitze kochen lassen. Mit Salz und Pfeffer würzen.

4 Das obere Viertel der Paprika als Deckel abschneiden. Paprika am Boden etwas gerade schneiden, damit sie gut stehen. Schoten entkernen, waschen und bis zum Rand mit der Hafermasse füllen. Jeweils den andersfarbigen Deckel auflegen. Die Tomatensauce in eine runde ofenfeste Form (ca. 25 cm Ø) geben. Die gefüllten Paprika auf die Sauce setzen und im heißen Ofen (Mitte) 30–35 Min. schmoren.

SOMMER-
GRUSS VOM
MITTELMEER

WÜRZIG &
HERZER-
WÄRMEND
GUT

WINTERGEMÜSE-CRUMBLE

mit Joghurt-Dip

20 g Walnusskerne
30 g zarte Haferflocken
30 g kernige Haferflocken
Salz
1 TL getrockneter Thymian
30 g weiche Butter
200 g Süßkartoffel
1 mittelgroße Rote Bete (ca. 200 g)
150 g Pastinaken
3 EL Rapsöl
Pfeffer
½ säuerlicher Apfel (ca. 75 g; z. B. Boskop)
½ Bund Petersilie
150 g Joghurt (3,5 % Fett)

Für 2 Personen
45 Min. Zubereitung
45 Min. Backen

Nährwert pro Portion:

- 670 kcal
- 12 g E
- 40 g F
- 59 g KH
- 1,2 g Beta-Glucan

1 Walnüsse hacken. Mit den Haferflocken, ¼ TL Salz und dem getrockneten Thymian in einer Schüssel mischen. Die zimmerwarme Butter dazugeben und alles mit den Händen zu Streuseln verkneten. Diese ca. 30 Min. kalt stellen.

2 Den Backofen auf 200° vorheizen. Süßkartoffel und Rote Bete schälen, je nach Größe längs halbieren oder vierteln und quer in ca. 1 cm dicke Scheiben schneiden. Dabei Küchenhandschuhe tragen, da die Rote Bete stark färbt. Pastinaken putzen, schälen, längs halbieren und quer in etwa 2–3 cm breite Stücke schneiden. Gemüse auf ein Blech geben, mit dem Öl beträufeln, salzen und pfeffern. Im vorgeheizten Ofen (Mitte) ca. 20 Min. backen.

3 Die Apfelhälfte halbieren, schälen, entkernen und in grobe Stücke schneiden. Apfelstücke zum Gemüse geben und die Streusel darüber verteilen, weitere 25 Min. backen. Petersilie waschen, trocken schütteln, Blätter abzupfen und fein hacken. Den Joghurt glatt rühren. Gemüse-Crumble mit Petersilie bestreuen und mit dem Joghurt servieren.

TIPP

Wer mag, kann den Joghurt-Dip noch mit frischem Meerrettich schärfen. Dazu ein Stück von ca. 2 cm waschen, dünn schälen und auf einer Küchenreibe fein raspeln. Weil die Schärfe der Wurzel schon beim Reiben in den Augen beißt, am besten eine Schutzbrille tragen. Alternativ geht auch Meerrettich aus dem Glas, aber der frische ist gesünder.

LAUCH-TARTE

mit Flockenboden

50 g Dinkelmehl (Type 630)
200 g zarte Haferflocken
Salz
120 g kalte Butter
500 g Lauch
250 g Staudensellerie
2 EL Olivenöl
50 ml Gemüsebrühe
80 g mittelalter Gouda
(mind. 45 % Fett i. Tr.)
3 Eier (M)
300 g Kochsahne (15 % Fett)
Pfeffer

Außerdem

Tarteform (ca. 28 cm Ø)
Butter zum Fetten der Form
Mehl zum Arbeiten

Für 8 Stücke
45 Min. Zubereitung
55 Min. Backen

Nährwert pro Stück:

- 400 kcal
- 11 g E
- 29 g F
- 23 g KH
- 1,0 g Beta-Glucan

1 Mehl, Haferflocken, ½ TL Salz, die Butter in Stückchen und 4 EL kaltes Wasser in einer Schüssel erst mit den Knethaken des Handrührgeräts, dann auf der leicht bemehlten Arbeitsfläche von Hand zu einem Teig verkneten. Zur Kugel formen und in Folie gewickelt ca. 30 Min. kalt stellen.

2 Inzwischen Lauch putzen, waschen, das Weiße und Hellgrüne in ca. ½ cm breite Ringe schneiden. Sellerie waschen, putzen und in ca. ½ cm breite Stücke schneiden. In einer großen Pfanne das Öl erhitzen, Lauch und Sellerie darin bei mittlerer Hitze unter Rühren etwa 3 Min. andünsten. Mit Brühe ablöschen und zugedeckt bei kleiner Hitze 7–8 Min. weiterdünsten. Vom Herd nehmen, etwas abkühlen lassen.

3 Den Backofen auf 200° vorheizen. Form einfetten und mit Mehl ausstäuben. Den Teig auf der bemehlten Arbeitsfläche rund auf ca. 32 cm Ø ausrollen, die Form damit auskleiden. Den Boden mit einer Gabel mehrmals einstechen und im vorgeheizten Ofen (Mitte) ca. 15 Min. vorbacken. In der Zwischenzeit den Käse reiben. Die Hälfte davon mit den Eiern und der Sahne verquirlen, mit Salz und Pfeffer würzen. Das Lauch-Sellerie-Gemüse untermischen.

4 Den vorgebackenen Tarteboden aus dem Ofen nehmen. Gemüsemischung auf dem Boden verteilen, mit übrigem Käse bestreuen. Die Tarte im Ofen (Mitte) bei gleicher Hitze in 35–40 Min. goldbraun backen. Die fertig gebackene Tarte aus dem Ofen nehmen, kurz ruhen lassen, dann servieren. Dazu passt ein gemischter frischer Blattsalat.

HIGHLIGHT
ZUM FEIER-
ABEND

KNUSPERFISCH

mit Gemüse-Kartoffel-Salat

300 g festkochende Kartoffeln
Salz
2 Frühlingszwiebeln
4 EL Rapsöl
2 EL Weißweinessig
100 ml Gemüsebrühe
1 TL Dijon-Senf
Pfeffer
1 rote Spitzpaprika
150 g Salatgurke
1 kleine Avocado
2 Rotbarsch- oder Seelachsfilets (à ca. 150 g)
20 g Vollkorn-Dinkelmehl
1 Ei (M)
80 g kernige Haferflocken
4 Stängel Petersilie

Für 2 Personen
40 Min. Zubereitung

Nährwert pro Portion:

780 kcal
42 g E
40 g F
57 g KH
1,6 g Beta-Glucan

1 Kartoffeln waschen und mitsamt der Schale 15–20 Min. zugedeckt in kochendem Salzwasser garen. Die Frühlingszwiebeln waschen, putzen, in feine Ringe schneiden und in 1 EL heißem Öl 1–2 Min. andünsten. Essig und Brühe angießen. Mit Senf, Salz und Pfeffer würzen, Marinade in eine Schüssel umfüllen. Kartoffeln abgießen, abschrecken, pellen und in dünnen Scheiben direkt in die heiße Brühe schneiden. Etwa 20 Min. durchziehen lassen.

2 Die Paprika waschen und längs vierteln, Stielansatz, weiße Trennwände und Kerne entfernen. Die Viertel quer in feine Streifen schneiden. Die Gurke waschen, putzen und ca. 1 cm groß würfeln. Avocado halbieren, entkernen, das Fruchtfleisch aus der Schale heben und ebenfalls etwa 1 cm groß würfeln. Paprika, Gurke und Avocado unter die Kartoffeln heben, alles salzen, pfeffern und durchziehen lassen.

3 Fischfilets mit Küchenpapier trocken tupfen, salzen und pfeffern. Das Dinkelmehl auf einen Teller geben. Das Ei in einem tiefen Teller verquirlen. Die Haferflocken im Blitzhacker mittelfein zerkleinern. Petersilie waschen und trocken schütteln, die Blätter abzupfen, fein hacken, mit den Haferflocken mischen. Den Fisch erst im Mehl wenden, dann durch das Ei ziehen und zum Schluss in der Flocken-Mischung wenden. Die Panade leicht andrücken.

4 Das übrige Öl in einer beschichteten Pfanne erhitzen, den Fisch darin in ca. 3 Min. pro Seite goldbraun braten. Die Fischstücke herausnehmen, auf Küchenpapier kurz abtropfen lassen und mit dem Kartoffelsalat servieren.

PANADE
MAL
ANDERS

TOP
VITALSTOFF-
LIEFERANT

SESAM-LACHS

auf Gemüse-Haferflocken-Wok

2 Lachsfilets (à ca. 125 g)
1 EL Zitronensaft
1 TL geröstetes Sesamöl
Salz, Pfeffer
10 g heller und dunkler Sesam
300 g Blumenkohl
80 g Shiitake (Pilze)
100 g Möhre
100 g Zuckerschoten
2 Frühlingszwiebeln
1 Stück Ingwer (ca. 2 cm)
1 Knoblauchzehe
1 rote Chilischote
3 EL Raps- oder Erdnussöl
100 g kernige Haferflocken
150 ml Gemüsebrühe
2 EL Sojasauce
1 EL Obstessig

Für 2 Personen
45 Min. Zubereitung

Nährwert pro Portion:

750 kcal
40 g E
40 g F
51 g KH
2,0 g Beta-Glucan

1 Backofen auf 180° vorheizen. Lachs mit Küchenpapier trocken tupfen, mit Zitronensaft beträufeln, mit Sesamöl einpinseln, salzen und pfeffern. Sesamsorten mischen, den Fisch darin wälzen und in eine eckige ofenfeste Form (ca. 15 × 20 cm) setzen. Im Ofen (Mitte) etwa 20 Min. garen.

2 Den Blumenkohl waschen, putzen und in kleine Röschen teilen. Die Pilze bei Bedarf mit einem Tuch abreiben, Stiele entfernen und Pilzkappen halbieren. Möhre putzen, schälen und in dünne Stifte schneiden. Zuckerschoten verlesen, waschen und schräg halbieren. Frühlingszwiebeln waschen, putzen, das Hellgrüne in feine Ringe schneiden, das Weiße würfeln. Ingwer und Knoblauch schälen, fein würfeln. Chili waschen, putzen und samt Kernen in feine Ringe schneiden.

3 Im Wok 2 EL Öl erhitzen, Blumenkohl darin bei mittlerer bis großer Hitze ca. 5 Min. unter Rühren braten, Haferflocken ca. 3 Min. mitbraten. Flocken-Mix herausnehmen und warmhalten. Übriges Öl erhitzen, Möhren und Pilze unter Rühren etwa 3 Min. braten. Chili, Ingwer, Knoblauch, gewürfelte Frühlingszwiebeln und Zuckerschoten weitere 2 Min. mitbraten. Brühe, Sojasauce und Essig verrühren. Blumenkohl-Flocken unter das Gemüse heben. Würz-Brühe zugießen und aufkochen. Gemüse und Sesam-Lachs auf Tellern anrichten, mit Frühlingszwiebeln bestreut servieren.

TIPP

Shiitake haben ein intensiv-würziges Aroma. Bei regelmäßigem Verzehr soll Shiitake die Immunabwehr stärken, weil er nachweislich antibakteriell und antiviral wirkt.

HAFERFLOCKEN-BULETTEN

auf Frühlingsgemüse

80 g zarte Haferflocken
1 kleine Zwiebel
3 EL Olivenöl
½ Bund Petersilie
200 g Tatar (ersatzweise mageres Rinderhackfleisch)
1 Ei (M)
1 TL scharfer Senf
Salz, Pfeffer
200 g kleine festkochende Kartoffeln (z. B. Drillinge)
200 g Kohlrabi
1 große Möhre
200 g grüner Spargel
2 Frühlingszwiebeln
125 g Magerquark
1 EL Schnittlauchröllchen
½ TL fein abgeriebene Schale von 1 Bio-Zitrone

Für 2 Personen
50 Min. Zubereitung

Nährwert pro Portion:

640 kcal
46 g E
24 g F
54 g KH
1,6 g Beta-Glucan

1 Haferflocken in 80 ml lauwarmem Wasser ca. 10 Min. quellen lassen. Zwiebel schälen, fein würfeln und in 1 EL Öl in einer kleinen Pfanne glasig dünsten. Petersilie waschen, trocken schütteln, Blätter abzupfen und fein hacken.

2 Hackfleisch, Ei, gequollene Flocken, Zwiebel und die Hälfte der Petersilie in einer Schüssel gut mischen. Mit Senf, Salz und Pfeffer kräftig würzen und zu einer glatten Hackmasse vermengen. Daraus mit angefeuchteten Händen sechs kleine Buletten formen und diese kalt stellen.

3 Backofen auf 200° vorheizen. Kartoffeln waschen, Kohlrabi und Möhre schälen. Kohlrabi vierteln und ebenso wie die ungeschälten Kartoffeln und die Möhre in dünne Scheiben schneiden. Spargel und Frühlingszwiebeln waschen und putzen, Spargel im unteren Drittel schälen und beide Gemüse schräg in ca. 3 cm breite Stücke schneiden.

4 Übriges Öl in einer großen ofenfesten Pfanne erhitzen. Buletten von jeder Seite 2–3 Min. anbraten, herausnehmen. Das Gemüse bis auf die Frühlingszwiebeln in die Pfanne geben und im Bratfett ca. 5 Min. unter Wenden anbraten. Frühlingszwiebeln zugeben, salzen und pfeffern. Buletten auf dem Gemüse verteilen, im Ofen (Mitte) ca. 20 Min. garen.

5 Für den Dip den Quark mit den Schnittlauchröllchen und der Zitronenschale glatt verrühren und salzen. Das Gemüse und die Buletten auf Tellern anrichten, mit der restlichen Petersilie bestreuen und den Quark dazu servieren.

UNBESCHWERTER
ALLTAGS-
GENUSS

WOHLIGES
SONNTAGS-
ESSEN

HAFERSPÄTZLE MIT GESCHNETZELTEM

100 g Vollkorn-Hafermehl (ersatzweise zarte Haferflocken)
1 Ei (M)
50 ml Mineralwasser (mit Kohlensäure)
Salz
300 g Hähnchenbrustfilet
100 g Champignons
4 Frühlingszwiebeln
250 g Kirschtomaten
2 EL Rapsöl
Pfeffer
100 ml Gemüsebrühe
100 g Kochsahne (15 % Fett)
10 g Butter
frisch geriebene Muskatnuss

Für 2 Personen
1 Std. Zubereitung

Nährwert pro Portion:

- 660 kcal
- 48 g E
- 31 g F
- 44 g KH
- 1,95 g Beta-Glucan

1 Hafermehl (oder die im Blitzhacker zu Mehl gemahlenen Haferflocken) mit dem Ei, Mineralwasser und 1 Prise Salz in einer Schüssel vermengen und mit einem Kochlöffel schlagen, bis der Teig Blasen wirft. Ca. 10 Min. ruhen lassen.

2 In einem Topf reichlich Salzwasser aufkochen. Teig durch eine Spätzlepresse portionsweise ins kochende Wasser drücken und die Spätzle jeweils kurz aufkochen lassen, dann mit einer Schaumkelle herausnehmen, in einem Sieb kalt abschrecken und gut abtropfen lassen.

3 Das Hähnchenbrustfilet mit Küchenpapier trocken tupfen und in ca. ½ cm dicke Scheiben schneiden. Die Pilze putzen, bei Bedarf mit einem Tuch abreiben und in dünne Scheiben schneiden. Frühlingszwiebeln waschen, putzen, das Weiße und Hellgrüne getrennt in Ringe schneiden. Die Tomaten waschen und halbieren.

4 In einer weiten Pfanne 1 EL Öl erhitzen, das Fleisch darin bei großer Hitze in 3–4 Min. rundum braun anbraten, salzen und pfeffern. Herausnehmen. Weiße Frühlingszwiebeln und Pilze mit dem übrigen Öl in die Pfanne geben und bei mittlerer Hitze 2–3 Min. anbraten. Brühe und Sahne zugießen und offen bei großer Hitze ca. 3 Min. einkochen lassen. Fleisch, Tomaten und das Frühlingszwiebelgrün zugeben, unter Rühren ca. 2 Min. erhitzen, salzen und pfeffern.

5 Kurz vor dem Servieren die Butter in einer zweiten Pfanne zerlassen. Die Spätzle darin bei kleiner bis mittlerer Hitze 3–4 Min. schwenken, mit Salz, Pfeffer und Muskat würzen. Mit dem Geschnetzelten anrichten und servieren.

HAFER-VOLLKORNBROT

mit Gerste und Dinkel

100 g Vollkorn-Hafermehl (ersatzweise 100 g zarte Haferflocken)
80 g Tsampa (geröstetes Gerstenmehl; Bio-Laden)
250 g Vollkorn-Dinkelmehl
Salz
42 g frische Hefe (1 Würfel)
2 EL Olivenöl
2 EL Apfelessig
100 g zarte Haferflocken
25 g geschrot. Leinsamen
25 g Sonnenblumenkerne
20 g Sesam
1 EL kernige Haferflocken
Außerdem
Dinkelmehl zum Arbeiten

Für 1 Brot (ca. 12 Scheiben)
35 Min. Zubereitung
3 Std. Gehen
1 Std. Backen

Nährwert pro Scheibe:

- 220 kcal
- 8 g E
- 6 g F
- 31 g KH
- 1,0 g Beta-Glucan

1 Das Hafermehl in eine große Schüssel geben oder zarte Haferflocken im Blitzhacker portionsweise fein mahlen. Mit Tsampa, Dinkelmehl und 1 gehäuften TL Salz vermischen. In die Mitte eine Mulde drücken. Hefe hineinbröckeln und mit 100 ml lauwarmem Wasser verrühren. Vorteig an einem warmen Ort ca. 15 Min. gehen lassen. Dann Öl, Essig, zarte Haferflocken und 250 ml lauwarmes Wasser dazugeben. Alles mit den Knethaken des Handrührgeräts oder der Küchenmaschine zu einem elastischen Teig verarbeiten. Zugedeckt an einem warmen Ort ca. 45 Min. gehen lassen.

2 Teig auf der bemehlten Arbeitsfläche von Hand ca. 5 Min. kneten, dabei Leinsamen, Sonnenblumenkerne und Sesam einarbeiten. Den Teig zu einem runden Laib formen und abgedeckt an einem warmen Ort ca. 2 Std. gehen lassen.

3 Den Backofen auf 180° vorheizen. Teig auf ein mit Backpapier belegtes Blech geben. Die Oberfläche mit etwas Wasser bestreichen und mit kernigen Haferflocken bestreuen. Das Brot im Ofen (Mitte) ca. 1 Std. backen, dabei ein mit Wasser gefülltes ofenfestes Gefäß in den Ofen stellen. Das fertige Brot auf einem Gitter auskühlen lassen.

TIPP

Lange Gehzeiten machen Brote bekömmlicher. Bei empfindlichem Magen-Darm-Trakt können Sie den Teig länger gehen lassen. Zudem punktet das Brot dann auch mit einem feineren Aroma und höheren Gehalten an verwertbarem Zink und Eisen, da Phytate abgebaut werden.

MIT
KROSSER
KRUSTE

DINKEL-HAFER-BROT

350 g Vollkorn-Dinkelmehl | 200 g zarte Haferflocken | 100 g Hafer-Schmelzflocken | 1 Pck. Weinstein-Backpulver | 1 TL Rohrohrzucker (z. B. Muscovado) | Salz | 500 g Joghurt (3,5 % Fett) | 20 g kernige Haferflocken | Dinkelmehl zum Arbeiten

Für 1 Brot (ca. 12 Scheiben) | 15 Min. Zubereitung | 40 Min. Backen

1 Den Backofen auf 200° vorheizen. Dinkelmehl, zarte Haferflocken und Schmelzflocken mit Backpulver, Zucker und 1 TL Salz in einer Schüssel vermischen. Den Joghurt zur Mehlmischung gießen und sämtliche Zutaten mit den Knethaken des Handrührgeräts glatt verkneten.

2 Den Teig auf der bemehlten Arbeitsfläche zusammenkneten und zu einem ovalen Laib formen. Dann auf ein mit Backpapier belegtes Blech legen, mit dem Messer die Oberfläche mehrmals schräg einritzen. Mit etwas Wasser bepinseln und mit den kernigen Haferflocken bestreuen. Im heißen Backofen (Mitte) 30–40 Min. backen.

3 Das fertige Brot herausnehmen und auf einem Gitter komplett abkühlen lassen. Im Kühlschrank aufbewahren oder einfrieren.

Nährwert pro Scheibe:

- 200 kcal
- 32 g KH
- 8 g E
- 1,0 g Beta-Glucan
- 4 g F

HAFERFLOCKEN-QUARK-BRÖTCHEN

250 g zarte Haferflocken | 250 g Magerquark | 2 Eier (M) | 2 EL Rapsöl | 1 Pck. Weinstein-Backpulver | Salz | 10 g Kürbiskerne | 25 g Haselnuss- oder Walnusskerne | 2 EL Haferdrink | 20 g kernige Haferflocken
Für 6 Stück (à ca. 125 g) | 20 Min. Zubereitung | 25 Min. Backen

1 Den Backofen auf 180° vorheizen. Haferflocken im Blitzhacker portionsweise fein mahlen. Hafermehl, Quark, Eier, Öl, Backpulver und 1 TL Salz in eine große Schüssel geben. Kürbiskerne und Nüsse hacken, hinzufügen und alles mit den Rührbesen des Handrührgeräts glatt verrühren.

2 Den Teig in sechs gleich große Stücke teilen und diese mit angefeuchteten Händen zu sechs Brötchen formen. Diese mit Abstand auf ein mit Backpapier ausgelegtes Backblech legen, mit Haferdrink bestreichen und mit den Haferflocken bestreuen.

3 Die Brötchen im vorgeheizten Backofen (Mitte) in 20–25 Min. goldbraun backen. Anschließend herausnehmen und auf einem Gitter vollständig abkühlen lassen.

TIPP

Ob süß oder herzhaft – die Brötchen schmecken mit jedem Belag köstlich!

Nährwert pro Stück:

300 kcal	30 g KH
15 g E	1,8 g Beta-Glucan
12 g F	

KERNIGES
KRAFTPAKET

HAFERFLOCKEN-SAATEN-BROT

ohne Mehl

feines Meersalz
150 g zarte Haferflocken
150 g kernige Haferflocken
50 g Haferkleieflocken
100 g Sonnenblumenkerne
50 g Leinsamen
60 g Chia-Samen
60 g Kürbiskerne
Außerdem
Kastenform (ca. 25 cm lang)

Für 1 Brot (ca. 15 Scheiben)
15 Min. Zubereitung
2 Std. Ruhen
1 Std. 15 Min. Backen

Nährwert pro Scheibe:

- 180 kcal
- 8 g E
- 8 g F
- 17 g KH
- 1,1 g Beta-Glucan

1 Die Form mit Backpapier auskleiden. Dann 1 ½ TL Salz in 650 ml Wasser auflösen. Zarte und kernige Haferflocken, Haferkleieflocken, Sonnenblumenkerne, Leinsamen und Chia-Samen in eine Schüssel geben. Die Kürbiskerne grob hacken und hinzufügen. Die Flocken-Saaten-Mischung mit dem Salzwasser gründlich vermengen. In die vorbereitete Form geben und glattstreichen. Den Teig zugedeckt etwa 2 Std. an einem warmen Ort quellen lassen.

2 Den Backofen auf 190° vorheizen. Die Form in den Ofen (Mitte) stellen und den Teig ca. 30 Min. backen. Danach herausnehmen, das Brot vorsichtig aus der Form auf den Ofenrost stürzen und in ca. 45 Min. fertig backen.

3 Das Brot aus dem Ofen nehmen und auf einem Kuchengitter vollständig auskühlen lassen. Damit es sich gut schneiden lässt und nicht zu sehr krümelt, vor dem Anschneiden einen halben Tag ruhen lassen.

TIPP

Das Brot steckt voller Nährstoffe. Eine große Portion Biotin (Vitamin B_7) wirkt sich positiv auf Haut, Nägel und Haare aus. Vitamin B_1 sorgt für ein starkes Nervensystem und fördert die Konzentration. Magnesium spielt bei der Reizübertragung von Nerven auf Muskeln eine wichtige Rolle und aktiviert Enzyme des Energiestoffwechsels. Phosphor ist an zahlreichen Stoffwechselvorgängen beteiligt. Wichtige Spurenelemente sind Mangan und Kupfer für Knochen und Bindegewebe, Eisen für die Blutbildung und den Sauerstoff-Transport sowie Zink, das das Immunsystem stimuliert.

KNUSPER-
MÜSLI AUF
VORRAT

HAFERFLOCKEN-GRANOLA

mit Knusperkernen

2 reife Bananen
4 EL Rapsöl
1 TL gemahlene Vanille
1 TL Zimtpulver
Salz
80 g Haselnusskerne
60 g Kürbiskerne
300 g kernige Haferflocken
80 g Mandelblättchen
80 g Sonnenblumenkerne
60 g ungeschälter Sesam

Für ca. 750 g (12 Portionen)
20 Min. Zubereitung
25 Min. Backen

Nährwert pro Portion:

315 kcal
11 g E
19 g F
22 g KH
1,0 g Beta-Glucan

1 Den Backofen auf 180° vorheizen. Ein Backblech mit Backpapier belegen. Die Bananen schälen, grob in Stücke schneiden und mit Öl, Vanille, Zimt und 2 Prisen Salz in den Mixbehälter oder ein hohes Rührgefäß geben und im Mixer beziehungsweise mit dem Pürierstab fein pürieren.

2 Die Haselnuss- und Kürbiskerne grob hacken und in eine große Schüssel geben. Haferflocken, Mandelblättchen, Sonnenblumenkerne und Sesam hinzufügen und untermischen. Das Bananenpüree dazugeben. Sämtliche Zutaten mit einem Holzlöffel gut vermengen, dann gleichmäßig auf dem Backblech verteilen und im vorgeheizten Backofen (2. Einschubhöhe von unten) 20–25 Min. rösten. Dabei mehrmals mit einem Pfannenwender wenden.

3 Das Blech aus dem Ofen nehmen, auf ein Gitter setzen und das Müsli komplett auskühlen lassen. Für den Vorrat das Granola in ein Glas oder eine Blechdose füllen. Es hält sich luftdicht verschlossen ca. vier Wochen. Mit Joghurt, Dickmilch oder Quark und Milch sowie Obst servieren.

TIPP

Der regelmäßige Verzehr von Vollkorn-Haferflocken wirkt sich positiv auf die Darmgesundheit aus. Untersuchungen haben gezeigt, dass sich die Zusammensetzung der Mikrobiota verbessert. Die Gesamtheit der Darmbakterien stieg, gerade auch die Anzahl der »guten« Bifidobakterien und Laktobazillen. Die Effekte sind vermutlich auf hohe Gehalte an Beta-Glucan und gesunden Fetten im Hafer wie auch auf sein hohes antioxidatives Potenzial zurückzuführen.

GEMÜSE-HAFER-CRACKER

mit Roter Bete

1 Möhre
1 kleine Rote Bete (ca. 150 g)
100 g zarte Haferflocken
30 g Sonnenblumenkerne
30 g Kürbiskerne
20 g geschrot. Leinsamen
2 EL Olivenöl
1 EL Tomatenmark
2 TL Kräuter der Provence
Salz
10 g Sesam

Für 42 Stück
30 Min. Zubereitung
30 Min. Quellen
1 Std. Backen

Nährwert pro Stück:

- 27 kcal
- 1 g E
- 1 g F
- 2 g KH
- 0,1 g Beta-Glucan

1 Die Möhre und Rote Bete putzen, schälen und auf der Rohkostreibe fein raspeln, dabei besser Einweghandschuhe tragen, da die Rote Bete stark abfärbt.

2 Haferflocken, Sonnenblumen- und Kürbiskerne mischen und im Mixer oder Blitzhacker portionsweise fein mahlen. Die Kerne-Hafermehl-Mischung mit dem geschroteten Leinsamen und den Gemüseraspeln in einer großen Schüssel vermischen. Olivenöl, Tomatenmark, Kräuter der Provence, 1 TL Salz und 100 ml Wasser dazugeben und alles gut vermischen. Die Masse etwa 30 Min. quellen lassen

3 Backofen auf 160° vorheizen. Den Teig zwischen zwei Bögen Backpapier zu einem Rechteck von ca. 30 × 35 cm ausrollen. Auf das Blech ziehen, das obere Backpapier entfernen und den Teig mit einer Gabel mehrmals einstechen. Mit Sesam bestreuen. Im Ofen (Mitte) ca. 30 Min. backen.

4 Das Blech aus dem Ofen nehmen und die Temperatur auf 140° herunterschalten. Den Teig auf dem Blech in 42 Rauten oder Quadrate (à ca. 5 × 5 cm) schneiden und im Ofen weitere 30 Min. trocknen lassen. Dabei die Ofentür mit dem Stiel eines Holzkochlöffels leicht geöffnet halten.

5 Die Cracker aus dem Ofen nehmen und auf dem Blech vollständig abkühlen lassen. In Blechdosen verpackt und kühl sowie trocken gelagert halten sie sich ca. drei Wochen.

KNABBER-
SPASS AUF
DIE HAND

HAFER-WAFFELN

mit Beeren und Mandeljoghurt

150 g zarte Haferflocken
1 TL Weinstein-Backpulver
1 EL brauner Rohrohrzucker (z. B. Muscovado)
½ TL Zimtpulver
Salz
50 g natives Kokosöl
270 ml Milch (1,5 % Fett)
1 Ei (M)
250 g gemischte Beeren (z. B. Himbeeren, Heidelbeeren, Brombeeren, Johannisbeeren)
200 g Joghurt (1,5 % Fett)
2 EL helles Mandelmus
1 EL Ahornsirup
einige Minzeblätter (nach Belieben)

Für 4 Personen
35 Min. Zubereitung
20 Min. Backen

Nährwert pro Portion:

- 440 kcal
- 13 g E
- 23 g F
- 40 g KH
- 1,5 g Beta-Glucan

1 Die Haferflocken im Blitzhacker oder Mixer portionsweise fein zermahlen. Hafermehl mit Backpulver, Zucker, Zimt und 1 Prise Salz in eine Schüssel geben und vermischen.

2 Das Kokosöl in einem kleinen Topf bei kleiner Hitze schmelzen. Die Milch mit 40 g Kokosöl und dem Ei in einer zweiten Schüssel gründlich verrühren, dann zur Hafermehl-Mischung gießen und alles mit dem Schneebesen zu einem glatten Teig verrühren. Den Teig ca. 10 Min. ruhen lassen.

3 Inzwischen die Beeren verlesen, kurz abbrausen und abtropfen lassen. Die roten Johannisbeeren nach Belieben von den Rispen streifen oder belassen. Den Joghurt mit dem Mandelmus und dem Ahornsirup glatt verrühren.

4 Das Herzwaffeleisen erhitzen, mit 1 TL Kokosöl einfetten und 4 EL Teig hineingeben. Den Deckel schließen und bei mittlerer Hitze in 4–5 Min. eine goldbraune Waffel backen. Danach herausnehmen und auf ein Kuchengitter legen. Auf die gleiche Weise drei weitere Waffeln backen. Die Waffeln mit dem Joghurt und den Beeren anrichten und servieren. Nach Belieben mit frischen Minzeblättern garnieren.

TIPP

Hafer gilt als klassisches gehirn- und nervenstärkendes Getreide. In ihm stecken nicht nur reichlich Vitamin B_1, B_6 und Magnesium, sondern auch Tyrosin. Aus der Aminosäure bildet der Körper den Nervenbotenstoff Dopamin, der auch als »Glückshormon« bezeichnet wird. Er hebt die Stimmung, sorgt für Ausgeglichenheit und fördert die Konzentration.

FÜR EINE
GLÜCKLICHE
RUNDE

GUTE LAUNE
NASCHEN

ZWETSCHGEN-BIRNEN-CRUMBLE

mit Vanillejoghurt

½ Bio-Zitrone
40 g Butter
15 g brauner Rohrohrzucker (z. B. Muskovado)
60 g kernige Haferflocken
25 g gehackte Mandeln
20 g Vollkorn-Dinkelmehl
½ TL Zimtpulver, Salz
250 g Zwetschgen
1 reife Birne (z. B. Williams Christ)
100 g Joghurt (3,5 % Fett)
½ TL gemahlene Vanille
1 TL flüssiger Honig
Außerdem
Butter zum Fetten der Form

Für 2 Personen
25 Min. Zubereitung
20 Min. Kühlen
25 Min. Backen

Nährwert pro Portion:

- 500 kcal
- 11 g E
- 22 g F
- 58 g KH
- 1,2 g Beta-Glucan

1 Die Zitrone heiß waschen und trocken reiben. 1 TL Schale fein abreiben, den Saft auspressen. Die Butter in Stücke schneiden, mit Zucker, Haferflocken, Mandeln, Mehl, Zimt und 1 Prise Salz in einer Schüssel vermischen und mit den Händen zu Streuseln verarbeiten. Etwa 20 Min. kalt stellen.

2 Den Backofen auf 200° vorheizen. Zwetschgen waschen, halbieren und entsteinen. Die Birne waschen, vierteln, entkernen und klein würfeln. Sofort mit 2 TL Zitronensaft beträufeln, damit sich die Würfel nicht verfärben.

3 Eine ofenfeste Form (ca. 15 × 20 cm) mit Butter einfetten. Zwetschgen mit den Schnittseiten nach oben darin verteilen. Birnenwürfel und Zitronenschale darüberstreuen, die Streusel obenauf verteilen. Den Crumble im Ofen (2. Einschubhöhe von unten) in ca. 25 Min. goldbraun backen.

4 Inzwischen den Joghurt mit Vanille und Honig verrühren. Crumble aus dem Ofen nehmen, kurz abkühlen lassen und noch heiß bis lauwarm mit dem Vanillejoghurt servieren.

TIPP

Ganz unverfälscht lassen sich Haferkörner genießen, wenn Sie diese mit einer Flockenquetsche jeden Tag selbst frisch pressen. So bleiben B-Vitamine und Enzyme erhalten, auch die Quellfähigkeit von Ballaststoffen wie Beta-Glucan ist besser als bei Haferflocken aus dem Supermarkt. Zum Selberflocken am besten Nackthafer verwenden und innerhalb weniger Tage verzehren. Der Keimling reagiert leicht mit Sauerstoff und die Flocken könnten schnell ranzig werden.

SCHOKO-COOKIES

mit Haferflocken

125 g zimmerwarme Butter
100 g Rohrohzucker (z. B. Muscovado)
1 Ei (M)
Salz
¼ TL Zimtpulver
150 g zarte Haferflocken
100 g Dinkelmehl (Type 630)
1 TL Weinstein-Backpulver
50 g Zartbitter-Schokolade (mind. 70 % Kakaogehalt)
50 g Pekannusskerne (ersatzweise Walnusskerne)
15 g Kakao-Nibs

Für 30 Stück
20 Min. Zubereitung
20 Min. Backen

Nährwert pro Stück:

100 kcal
2 g E
6 g F
9 g KH
0,2 g Beta-Glucan

1 Die Butter und den Zucker in einer Schüssel mit den Rührbesen des Handrührgeräts in etwa 5 Min. dick-cremig schlagen. Ei, 1 Prise Salz und Zimt dazugeben und gut unterrühren. Haferflocken und Mehl mit dem Backpulver in einer zweiten Schüssel mischen und in zwei Portionen kurz unter die Buttermasse rühren. Schokolade und Pekannusskerne nicht zu fein hacken und zuletzt kurz unter den Teig heben.

2 Den Backofen auf 190° vorheizen. Den Teig mithilfe von zwei Teelöffeln in walnussgroßen Tupfen im Abstand von etwa 4 cm zueinander auf zwei mit Backpapier belegte Backbleche setzen und leicht flach drücken. Die Teiglinge mit den Kakao-Nibs bestreuen und diese sanft andrücken.

3 Die Cookies im heißen Ofen (2. Einschubhöhe von unten) nacheinander in jeweils 9–10 Min. hellbraun backen. Aus dem Ofen nehmen und auf einem Gitter vollständig erkalten lassen. Die abgekühlten Cookies zwischen Lagen von Pergamentpapier in Blechdosen schichten. Kühl und trocken gelagert halten sie sich mind. vier Wochen.

TIPP

Statt mit Kakao-Nibs können Sie die Cookies auch mit einer Schokoglasur verzieren. Dazu 50 g Zartbitter-Schokolade (mind. 70 % Kakaogehalt) grob hacken und in einer Schüssel im heißen Wasserbad schmelzen, dann in einen Einwegspritzbeutel füllen und die Cookies nach dem Backen graffitiartig damit verzieren. Schokoglasur trocknen lassen.

MÜRBER
PLÄTZCHEN-
TRAUM

HAFERKEKSE

75 g Butter | 125 g kernige Haferflocken | 45 g Rohrohrzucker (z. B. Muscovado) | 1 Ei (M) | Salz | 50 g Vollkorn-Dinkelmehl | 1 gestr. TL Weinstein-Backpulver
Für 25 Stück | 25 Min. Zubereitung | 10 Min. Backen

1 Die Butter in einer Pfanne schmelzen. Die Flocken und 1 EL Zucker zugeben und unter stetem Rühren bei mittlerer Hitze ca. 5 Min. anrösten. Die Flockenmischung auf einen Teller schütten und abkühlen lassen.

2 In einer Rührschüssel das Ei, den übrigen Zucker und 1 Prise Salz mit den Rührbesen des Handrührgeräts dick-cremig schlagen. Mehl und Backpulver mit der Haferflockenmischung vermengen und kurz unter die aufgeschlagene Eimasse rühren.

3 Den Backofen auf 180° vorheizen. Ein Backblech mit Backpapier auslegen und mit einem Teelöffel 25 Häufchen mit Abstand daraufsetzen. Die Haferkekse im Ofen (Mitte) in ca. 10 Min. goldbraun backen.

4 Danach das Blech herausnehmen, die Kekse darauf abkühlen lassen. Zum Aufbewahren die Kekse zwischen Lagen von Pergamentpapier in eine fest verschließbare Blechdose schichten. Kühl und trocken lagern – sie halten sich etwa vier Wochen.

Nährwert pro Stück:

60 kcal	6 g KH
1 g E	0,2 g Beta-Glucan
3 g F	

BEEREN-HAFER-MUFFINS

150 g TK-Beerenmischung | 2 reife Bananen | 2 Eier (M) | 200 g zarte Haferflocken | 50 g gemahlene Walnusskerne | 1 TL fein abgeriebene Schale von 1 Bio-Orange | ½ TL Zimtpulver | 1 TL Kakaopulver (schwach entölt) | 12er-Muffinform | Butter zum Fetten der Form oder 12 Muffin-Papierförmchen
Für 12 Stück | 15 Min. Zubereitung | 15 Min. Backen

1 Ofen auf 200° vorheizen. Die Form mit Butter fetten oder mit den Papierförmchen auslegen. Beeren antauen lassen. Bananen schälen, grob in Stücke schneiden und mit einer Gabel zerdrücken. Bananenmus und Eier in einer Schüssel gut verrühren.

2 Haferflocken, gemahlene Walnusskerne, Orangenschale, Zimt und Kakao in einer Schüssel vermischen, dann mit den Beeren zur Bananen-Eier-Mischung geben und alles mit einem Kochlöffel gründlich vermengen.

3 Den Teig in die Vertiefungen der Form füllen und im Ofen (Mitte) in ca. 15 Min. goldbraun backen. Die Form herausnehmen, 10 Min. abkühlen lassen, dann die Muffins aus der Form lösen und erkalten lassen.

TIPP

Ideal als süßer Happen nach dem Lunch oder als handfester Snack für unterwegs.

Nährwert pro Stück:

135 kcal	15 g KH
4 g E	0,7 g Beta-Glucan
6 g F	

APRIKOSEN-MÜSLIRIEGEL

150 g getrocknete Soft-Aprikosen | 150 ml Aprikosensaft | 40 g flüssiger Honig | 150 g Vital-Kerne-Mix (z. B. Sonnenblumen-, Pinien-, Kürbiskerne) | 30 g natives Kokosöl | 150 g zarte Haferflocken | 30 g gemahlene Mandeln | 30 g gepoppte Quinoa | 1 TL gemahlene Vanille

Für 24 Stück | 25 Min. Zubereitung | 20 Min. Quellen | 1 Std. Backen

1 Die Aprikosen klein schneiden, mit dem Saft sowie dem Honig in ein hohes Rührgefäß geben und mit dem Pürierstab cremig pürieren. Kerne-Mix fein hacken. Kokosöl schmelzen. Aprikosenpüree und Kerne-Mix mit Haferflocken, Mandeln, Quinoa-Pops, Kokosöl und gemahlener Vanille in einer Schüssel mit einem Kochlöffel gut verrühren. Die Masse ca. 20 Min. quellen lassen.

2 Den Backofen auf 160° vorheizen. Die Masse auf einem mit Backpapier belegten Blech mithilfe einer Winkelpalette zu einem Rechteck (ca. 32 × 24 cm) ausstreichen. Im heißen Ofen (Mitte) ca. 30 Min. backen.

3 Das Blech herausnehmen, die Ofentemperatur auf 120° reduzieren. Die Teigplatte in 24 Riegel (à ca. 4 × 8 cm) schneiden und im Ofen bei leicht geöffneter Tür ca. 30 Min. trocknen. Auf dem Blech erkalten lassen. In einer Dose kühl und trocken aufbewahrt sind die Riegel ca. vier Wochen haltbar.

Nährwert pro Stück:

105 kcal | 11 g KH
3 g E | 0,3 g Beta-Glucan
5 g F

ENERGIEBÄLLCHEN

80 g getrocknete Datteln (entsteint) | 50 g Cashewkerne | 80 g zarte Haferflocken | 30 g gemahlene Mandeln | 40 g Kokosraspel | 15 g Kakaopulver (schwach entölt)
Für 20 Stück | 25 Min. Zubereitung

1 Die Datteln klein schneiden, in einem hohen Rührgefäß mit 6 EL lauwarmem Wasser übergießen und ca. 10 Min. einweichen.

2 Inzwischen die Cashews fein hacken. Mit Haferflocken, Mandeln, 30 g Kokosraspeln und Kakao in einer Schüssel vermischen.

3 Die Datteln samt Einweichwasser mit dem Pürierstab fein pürieren, zur Flocken-Mischung geben und alle Zutaten mit den Händen gut verkneten. Falls die Masse zu trocken ist, noch 2–3 EL Wasser dazugeben.

4 Von der Dattel-Hafer-Nuss-Masse nach und nach mit einem Teelöffel 20 Portionen abstechen, daraus mit angefeuchteten Händen gleich große Kugeln formen. Die Hälfte der Kugeln in den restlichen Kokosraspeln wälzen und diese leicht andrücken, die andere Hälfte »natur« belassen. Die Bällchen im Kühlschrank aufbewahren. Luftdicht verpackt halten sie sich ca. zwei Wochen.

Nährwert pro Stück:

70 kcal | 6 g KH
2 g E | 0,2 g Beta-Glucan
4 g F

APFEL-CHEESECAKE

mit Haferflockenboden

170 g kernige Haferflocken
60 g Butter
125 g Rohrohrzucker (z. B. Muscovado)
2 EL flüssiger Akazienhonig
½ Bio-Zitrone
2 säuerliche Äpfel (z. B. Braeburn, Boskop)
1 TL Zimtpulver
400 g Frischkäse (mind. 20 % Fett i. Tr.)
400 g Magerquark
3 Eier (M)
2 TL Johannisbrotkernmehl
1 Msp. gemahlene Kurkuma
20 g Apfel-Chips

Außerdem
Springform (ca. 24 cm Ø)

Für 12 Stücke
35 Min. Zubereitung
45 Min. Backen

Nährwert pro Stück:

- 240 kcal
- 12 g E
- 8 g F
- 27 g KH
- 0,6 g Beta-Glucan

1 Die Haferflocken in einer Pfanne ohne Fett bei mittlerer Hitze goldbraun rösten. Auf einen Teller geben und abkühlen lassen, dann im Blitzhacker oder Mixer fein zerkleinern. Die Butter in einem kleinen Topf bei mittlerer Hitze schmelzen, 50 g Zucker und Honig dabei einrühren. Die flüssige Mischung in einer Schüssel mit 150 g Hafermehl vermengen. Die Form mit Backpapier auslegen. Die Masse einfüllen und mit den Fingern gut andrücken. Etwa 10 Min. kalt stellen.

2 Backofen auf 180° vorheizen. Die Zitrone heiß waschen, abtrocknen und die Schale abreiben, den Saft auspressen. Äpfel vierteln, schälen, entkernen und klein würfeln. Mit Zitronensaft und ½ TL Zimt verrühren. Frischkäse, Quark, Eier, übriges Hafermehl (20 g), restlichen Zucker (75 g), Johannisbrotkernmehl, Zitronenschale und Kurkuma mit den Rührbesen des Handrührgeräts glatt rühren.

3 Die Apfelwürfel auf dem Haferboden verteilen. Die Frischkäsemasse in die Form geben und glatt verstreichen. Den Kuchen im vorgeheizten Ofen (Mitte) 40–45 Min. backen. Falls der Kuchen zu stark bräunt, rechtzeitig mit Backpapier abdecken. Anschließend den Kuchen herausnehmen und in der Form vollständig auskühlen lassen, dann vorsichtig aus der Springform lösen. Mit den grob zerbröselten Apfel-Chips garnieren und mit Zimt fein bestäuben.

TIPP

Für eine sommerfrische Version des Käsekuchens den Haferflockenboden statt mit Äpfeln mit Erdbeeren, reifen Aprikosen oder frischen Sauerkirschen belegen.

CRUNCHY
HOCH ZWEI

SACHREGISTER

REZEPTREGISTER

G

H

I/J

S

T

V/W

Z

APPETIT AUF MEHR?

ISBN 978-3-8338-8130-5

ISBN 978-3-8338-7740-7

ISBN 978-3-8338-7407-9

ISBN 978-3-8338-8419-1

ISBN 978-3-8338-7543-4

ISBN 978-3-8338-6872-6

Alle hier vorgestellten Bücher sind auch als eBook erhältlich.

Mehr von GU auf **www.gu.de** und **facebook.com/gu.verlag**

QUALITÄTS G|U GARANTIE

LIEBE LESERINNEN UND LESER,

wir wollen Ihnen mit diesem Buch Informationen und Anregungen geben, um Ihnen das Leben zu erleichtern oder Sie zu inspirieren, Neues auszuprobieren. Wir achten bei der Erstellung unserer Bücher auf Aktualität und stellen höchste Ansprüche an Inhalt und Gestaltung. Alle Anleitungen und Rezepte werden von unseren Autoren, jeweils Experten auf ihren Gebieten, gewissenhaft erstellt und von unseren Redakteur*innen mit größter Sorgfalt ausgewählt und geprüft.

Haben wir Ihre Erwartungen erfüllt? Sind Sie mit diesem Buch und seinen Inhalten zufrieden? Wir freuen uns auf Ihre Rückmeldung. Und wir freuen uns, wenn Sie diesen Titel weiterempfehlen, in Ihrem Freundeskreis oder bei Ihrem Online-Kauf.

Sollten wir Ihre Erwartungen so gar nicht erfüllt haben, tauschen wir Ihnen Ihr Buch jederzeit gegen ein gleichwertiges zum gleichen oder ähnlichen Thema um.

KONTAKT ZUM LESERSERVICE

GRÄFE UND UNZER VERLAG
Grillparzerstraße 12
81675 München

Backofenhinweis

Die Backzeiten können je nach Herd variieren. Unsere Temperaturangaben beziehen sich auf das Backen im Elektroherd mit Ober- und Unterhitze.

GRÄFE UND UNZER

Ein Unternehmen der
GANSKE VERLAGSGRUPPE

IMPRESSUM

G|U

GU ist eine eingetragene Marke der GRÄFE UND UNZER VERLAG GmbH, www.gu.de

ISBN 978-3-8338-8718-5
6. Auflage 2024

Projektleitung: Elke Sieferer
Lektorat: Dr. Stefanie Gronau
Korrektorat: Susanne Bodensteiner
Umschlaggestaltung und Layout: independent Medien-Design, Horst Moser, München und ki 36 Editorial Design, Sabine Krohberger, München
Herstellung: Renate Hutt
Satz und Reproduktion: Longo AG, Bozen
Druck und Bindung: Firmengruppe APPL, aprinta druck, Wemding
Printed in Germany

Die Fotografin

Katrin Winner fand ihre berufliche Erfüllung, indem sie ihre Leidenschaft für gutes Essen mit ihrer künstlerischen Kreativität verband. Seit 2018 betreibt sie ihr eigenes Atelier für Food- und Still-Life-Fotografie in München. An diesem Buch arbeitete sie zusammen mit den beiden Foodstylisten Sven Dittmann und Daniel Schwarz.

Die Illustratorin

und Infografikerin Ela Strickert aus Hamburg verwandelt komplexe Inhalte in anschauliche Grafiken. Mit Liebe zum Detail hat sie interessantes Wissen rund um den Hafer bildlich umgesetzt.

Bildnachweis

Cover: © Stockfood / Westend61
Fotos S. 8-45, 48-50: Shutterstock
Umschlag innen: iStockphoto
Autorenfoto Doris Fritzsche: privat
Autorenfoto Martina Kittler: Michael Kremer Fotosdesign
Illustrationen: Ela Strickert
alle anderen Fotos: Katrin Winner

Syndication:
www.imageprofessionals.com

Titelrezept

S. 91

Umwelthinweis

Nachhaltigkeit ist uns sehr wichtig. Der Rohstoff Papier ist in der Buchproduktion hierfür von entscheidender Bedeutung. Daher ist dieses Buch auf PEFC-zertifiziertem Papier gedruckt. PEFC garantiert, dass ökologische, soziale und ökonomische Aspekte in der Verarbeitungskette unabhängig überwacht werden und lückenlos nachvollziehbar sind.